Conversões

Tony Evans

Conversões

REVERTENDO AS CONSEQUÊNCIAS NEGATIVAS DA VIDA

hagnos

Copyright 2020 de Tony Evans
Título original: *U-Turns*.
Publicado por B&H Publishing Group Nashville, Tennessee, EUA.
Todos os direitos reservados.

1ª edição: agosto de 2022

Tradução
Ana Paula Argentino

Revisão
Francine Torres (copidesque)
Luiz Werneck Maia (provas)

Diagramação
Letras Reformadas

Capa
Rafael Brum

Editor
Aldo Menezes

Coordenador de produção
Mauro Terrengui

Impressão e acabamento
Imprensa da Fé

As opiniões, as interpretações e os conceitos emitidos nesta obra são de responsabilidade do autor e não refletem necessariamente o ponto de vista da Hagnos.

Todos os direitos desta edição reservados à
Editora Hagnos Ltda.
Av. Jacinto Júlio, 27
04815-160 — São Paulo, SP
Tel.: (11) 5668-5668

E-mail: hagnos@hagnos.com.br
Home page: www.hagnos.com.br

Editora associada à:

Dados Internacionais de Catalogação na Publicação (CIP)
Angélica Ilacqua CRB-8/7057

Evans, Tony

Conversões: revertendo as consequências negativas da vida / Tony Evans; tradução de Ana Paula Argentino. — São Paulo: Hagnos, 2022.

ISBN 978-85-7742-359-0

Título original: U-Turns.

1. Conversão ao cristianismo 2. Vida cristã I. Título II. Argentino, Ana Paula.

22-3376   CDD 248.24

Índices para catálogo sistemático:
1. Conversão ao cristianismo

Sumário

AGRADECIMENTOS 7

CAPÍTULO 1 — **Você é livre para escolher sua direção** 9

CAPÍTULO 2 — **A chave para sua reversão** 27

CAPÍTULO 3 — **Revertendo as consequências da idolatria** 47

CAPÍTULO 4 — **Revertendo as consequências do vício** 63

CAPÍTULO 5 — **Revertendo as consequências da ansiedade** 79

CAPÍTULO 6 — **Revertendo as consequências emocionais** 97

CAPÍTULO 7 — **Revertendo as consequências demoníacas** 115

CAPÍTULO 8 — **Revertendo as consequências hereditárias** 135

CAPÍTULO 9 — **Revertendo as consequências da discriminação** 153

CAPÍTULO 10 — **Revertendo as consequências financeiras**................ 171

CAPÍTULO 11 — **Revertendo as consequências sexuais**........................ 191

CAPÍTULO 12 — **Revertendo as consequências irreversíveis**.................207

AGRADECIMENTOS

Gostaria de agradecer à LifeWay Christian Resources e à B&H Publishing pelo relacionamento de longa data em publicações, eventos e vídeos. É sempre uma alegria trabalhar em um projeto com servos do Rei guiados pelo Espírito. Sobretudo, quero agradecer ao Bill Craig por pastorear esse relacionamento ao longo dos anos. Também quero agradecer ao Taylor Combs e ao Kim Stanford por revisarem e diagramarem este manuscrito. Por fim, quero agradecer à Heather Hair pela sua dedicação constante à minha biblioteca por meio de sua colaboração neste manuscrito.

CAPÍTULO 1

Você é livre para escolher sua direção

Muitos anos atrás, na zona rural, vivia um jovenzinho em uma casa sem encanamento. A casa de sua família situava-se em um terreno afastado de boa parte da civilização. Como era de se esperar, a casinha da latrina tinha sido construída a certa distância da casa. Ela ficava perto de um penhasco que dava vista para um riacho.

Esse jovenzinho detestava o fato de, independentemente de como estivesse o tempo e o clima, ele ter de caminhar demais para usar a latrina. Fosse dia ou noite, tinha de deixar o conforto do seu lar e fazer a longa caminhada. Em certa ocasião, a frustração desse jovenzinho atingiu seu ápice e, em um momento de forte emoção, ele jogou a casinha bamba da latrina penhasco abaixo no riacho.

Depois, naquele dia, seu pai abordou-o com um semblante muito fechado.

— Filho? — Perguntou ele.

— Sim, papai. — Respondeu o menino, envergonhado.

— Você empurrou a casinha da latrina ladeira abaixo no riacho?

O filho acenou envergonhado com a cabeça e disse:

— Sim, senhor, papai. Eu empurrei.

Então o pai começou a dizer qual seria o castigo dele, apenas para ser interrompido pelo filho.

— Mas, papai — disse ele, tentando fugir do castigo iminente. — Peraí. Aprendi que, quando o pai de George Washington perguntou se ele tinha cortado a cerejeira, ele lhe disse a verdade e admitiu que a cortou. Daí o pai dele não o castigou.

O menino fez uma pausa, aguardando a reação estampada no rosto do pai. Ele continuou quando percebeu o silêncio. — Eu também contei a verdade. Não devo ser castigado.

Então o pai respondeu: — Tá, mas o pai de George Washington não estava *na* cerejeira quando o filho a cortou!

Essa história cômica traz um alerta importante: as decisões realmente fazem a diferença.

Quando Deus criou a humanidade, Ele nos deu uma vontade com a capacidade para escolher. Todos nós somos livres para fazer nossas próprias escolhas. Dentro dos limites soberanos de Deus, Ele estabeleceu um campo que admite nossas decisões. Como um campo de futebol americano que tem as linhas de área estabelecidas, permite-se que as equipes

As decisões realmente fazem a diferença.

ponham em prática as jogadas treinadas dentro das linhas e dos limites soberanos. As jogadas que treinadas mais as ações habilidosas das jogadas geralmente determinam o resultado do jogo.

Na criação, Deus assenta-se de modo soberano em nosso campo. Ele estabeleceu certas linhas que são inegociáveis. Ele é o Rei. Ele coloca os limites em seu reino. Mesmo com essas demarcações, Ele também escolheu dar-nos liberdade. Ele nos deu a escolha. Ele nos criou com a característica exclusivamente humana conhecida como livre arbítrio. Por exemplo, Ele disse a Adão e Eva no jardim: "Coma livremente de qualquer árvore do jardim, mas não coma da árvore do conhecimento do bem e do mal, porque no dia em que dela comer, certamente você morrerá" (Gênesis 2:16-17). Moral da história: Deus disse a Adão e Eva que eles podiam escolher. Ele lhes deu opções. Ele até contou sobre as consequências se eles escolhessem o mal. Então Ele tirou suas mãos do controle da consciência deles e permitiu-lhes tomar uma decisão.

Ao dar para a humanidade uma escolha, o mal tornou-se uma opção. Deus jamais forçou o mal a entrar na equação humana, pelo contrário, Ele permitiu. Entretanto, a humanidade atualiza o mal quando escolhe qualquer coisa que vá contra a soberania e a vontade do governo de Deus.

Foi dada a mim e a você a liberdade. E enquanto essa verdade nos fascina, o que muitos se esquecem é que com a liberdade vem a responsabilidade. Sim, temos a liberdade de escolher a favor de Deus ou contra Ele. Enquanto temos a capacidade total de fazer nossas próprias escolhas nesta vida que nos foi dada, não conseguimos escolher as consequências. Elas foram predeterminadas por Deus. Assim como Deus disse a Adão e Eva que, se eles escolhessem comer do fruto proibido da árvore, "certamente morreriam", o Senhor estabeleceu as consequências dentro de seu reino, as quais acontecem se ou quando escolhemos ir contra Ele.

A liberdade para escolher não é a mesma para determinar os resultados das escolhas. Esse é um ponto crucial para entender por que de vez em quando nos vemos procurando por um retorno e esperando uma reversão, ou pedindo a Deus para nos livrar; esquecemos que foram nossas próprias escolhas que nos desviaram do caminho. E quando nos esquecemos disso, também esquecemos de ir até o Senhor com um espírito de humildade em vez de estar cheio de direitos. Pois é, Ele é um Deus bom. E não, Ele não é obrigado a fazer tudo dar certo na sua vida. Romanos 8:28 narra que "Sabemos que Deus age em todas as coisas para o bem daqueles que o amam, dos que foram chamados de acordo com o seu propósito". O versículo não diz que todas as coisas serão ou parecerão boas à medida que acontecem.

Você pode ter escolhido este livro porque está cansado de ceifar amargura e de colher os fracassos das escolhas erradas. Pode ter escolhido este livro porque quis uma solução para as dificuldades da sua vida. E se este é você, então este é o livro certo. Este é o meu objetivo: ministrar a você por meio desses parágrafos, dessas páginas e desses argumentos. Mas o que eu não vou lhe dar é uma solução amenizada pelos golpes da verdade de Deus. Não farei isso porque não há nenhuma solução. A sua reviravolta acontece justamente na placa de sinalização da verdade divina, e não em outro lugar.

Na passagem que escolhi para iniciar este livro, Moisés tinha alcançado seus anos áureos e está entregando um de seus sermões finais. Os filhos de Israel estão prestes a entrar na Terra Prometida; mas antes de atravessarem, Moisés quer falar com o povo sobre sua liberdade de escolha. Ele queria fazê-los lembrar das lições que ele aprendeu do modo difícil, junto daqueles que vagaram no deserto antes deles. Moisés queria enviá-los adiante em boas condições para que eles pudessem receber todas as bênçãos que Deus tinha para eles. Ele queria fazê-los se lembrar da importância de viver a vida de acordo com a aliança.

Várias vezes em seu sermão ao povo, Moisés usa este termo: *aliança*. Na verdade, todo seu discurso é até apresentado para nós nas Escrituras com uma ênfase dupla na aliança. Lemos em Deuteronômio 29:

> São estes os termos da aliança que o SENHOR ordenou que Moisés fizesse com os israelitas em Moabe, além da aliança que tinha feito com eles em Horebe (v. 1).
>
> Sigam fielmente os termos desta aliança, para que vocês prosperem em tudo o que fizerem. (v. 9)
>
> Vocês estão aqui presentes para entrar em aliança com o SENHOR, o seu Deus, aliança que ele está fazendo com vocês hoje, selando-a sob juramento (v. 12)

Não faço esta aliança, sob juramento, somente com vocês que estão aqui conosco na presença do SENHOR, o nosso Deus, mas também com aqueles que não estão aqui hoje (v. 14-15).

O SENHOR jamais se disporá a perdoá-lo; a sua ira e o seu zelo se acenderão contra tal pessoa. Todas as maldições escritas neste livro cairão sobre ela, e o SENHOR apagará o seu nome de debaixo do céu. O SENHOR a separará de todas as tribos de Israel para que sofra desgraça, de acordo com todas as maldições da aliança escrita neste Livro da Lei. (v. 20-21)

E a resposta será: "Foi porque este povo abandonou a aliança do SENHOR, o Deus dos seus antepassados, aliança feita com eles quando os tirou do Egito" (v. 25).

Uma aliança é uma ordenança divina e um laço de relacionamento autorizado. É um acordo oficial por meio do qual o próprio Deus revela-se. Uma aliança não é uma discussão casual. Quando um homem e uma mulher se casam, eles formam uma aliança. Isso significa que houve um ato legal, e não simplesmente uma reunião ou evento. A aliança indica que, pela lei, os dois agora estão ligados como marido e mulher.

Israel era o povo da aliança de Deus. Eles pertenciam ao Senhor de modo oficialmente arranjado. É por isso que em Deuteronômio 30:19 a linguagem que Moisés usa se parece com a linguagem que você ouviria em um tribunal. Ele diz: "Hoje invoco os céus e a terra como testemunhas contra vocês". Ele fala de testemunhas. Ele fala de um ambiente formal. A aliança entre Deus e seu povo quando eles entraram na Terra Prometida colocou os limites nos quais deviam agir. Por um lado, quando eles escolhessem agir de acordo com a aliança, receberiam os benefícios dela, como a proteção de Deus. Mas quando eles escolhessem não agir de acordo com a aliança, receberiam suas maldições — o oposto conhecido como consequências.

Sempre comparo uma aliança com um guarda-chuva. Um guarda-chuva não impede a chuva de cair, mas quando você está debaixo de sua cobertura, ele impede a chuva de atingir você. A proteção divina é um benefício da aliança. Mas com os benefícios, também existem as repercussões negativas. Moisés falou sobre isso como sendo as bênçãos e maldições. Quando ler sobre a aliança mosaica em Deuteronômio 28 e 29, você vai identificar essas bênçãos e maldições e como elas se relacionam com os vários aspectos da vida. Estejam eles relacionados com economia, fertilidade, estabilidade familiar, tempo de vida ou sucesso e fracasso financeiro, os resultados estão ligados às escolhas dos indivíduos.

Você pode estar pensando neste exato momento que tudo isso serve muito bem para o Antigo Testamento. Você pode estar rejeitando este capítulo de abertura até agora porque estou escrevendo sobre os israelitas e a Lei de Moisés. É verdade que não estamos debaixo da Lei de Moisés, mas debaixo da Lei de Cristo. É por isso que quero fazê-lo lembrar que em Hebreus 7:22 o autor diz claramente que ainda estamos debaixo de uma aliança. Ele usa as mesmas palavras exatas. Lemos: "Jesus tornou-se, por isso mesmo, a garantia de uma aliança superior". E embora seja uma "aliança superior", ainda assim é uma aliança. Ela ainda vem com escolhas, assim como com as consequências das nossas escolhas. Dessa forma, quando você ou eu escolhemos agir fora do relacionamento de aliança e do governo do Senhor Jesus Cristo sobre nossa vida, buscamos de bom grado as consequências negativas da nossa rebelião.

Jesus resumiu seu governo relacional claramente em sua resposta a um mestre da lei que procurava testá-lo. Ao ouvirem dizer que Jesus havia deixado os saduceus sem resposta, os fariseus se reuniram. Um deles, perito na lei, o pôs à prova com esta pergunta: "Mestre, qual é o maior mandamento da Lei?".

> Respondeu Jesus: "Ame o Senhor, o seu Deus de todo o seu coração, de toda a sua alma e de todo o seu entendimento". Este é o primeiro e maior mandamento. E o segundo é semelhante a ele: "Ame o seu próximo como a si mesmo". Destes dois mandamentos dependem toda a Lei e os Profetas (Mateus 22:34-40).

Amor. Nessa única palavra está a base da totalidade da Lei, assim como o ensinamento dos Profetas. Temos de amar a Deus e amar o próximo. Tudo que escolhermos fazer fora dessa palavra singular é rebelião contra a nova aliança. E, como vamos aprender ao longo de nosso tempo juntos neste livro, a rebelião gera consequências.

A escolha é nossa. E com nossas escolhas vêm ou bênçãos ou maldições. Deus deixou muito claro que vivemos sob uma aliança que rege nossa vida, tanto no Antigo quanto no Novo Testamento.

Se você tem um filho que lhe diz que não vai fazer o que você manda, enquanto ele vive debaixo da autoridade do seu lar, esse filho fez uma escolha contra seu governo e relacionamento. Logo, você permitirá que esse filho sofra os resultados da escolha — seja a imposição de um castigo ou a perda de privilégios. Agora, tenha em mente que a desobediência de seu filho de jeito nenhum desfaz a relação legal ou biológica dele com você. Ele ainda é o seu filho, e você ainda o ama como sendo seu filho. Da mesma forma, nosso pecado não desfaz nosso relacionamento com Deus; se realmente nascemos de novo, confiamos no sacrifício de Jesus Cristo pelo perdão dos nossos pecados e nada pode nos separar dele ou nos impedir de entrar no céu. O que, porém, a desobediência do seu filho traz sobre ele é a perda do benefício instantâneo.

Da mesma forma, quando você ou eu escolhemos viver em desobediência ao governo de amor de Cristo em relação a Deus e ao próximo, removemo-nos do fluir das bênçãos da aliança de Deus de várias formas. Quando Moisés

> *Temos de amar a Deus e amar o próximo. Tudo que escolhermos fazer fora dessa palavra singular é rebelião contra a nova aliança.*

tratou com os israelitas, ele lhes disse que tinham uma escolha. Ele disse: "Hoje invoco os céus e a terra como testemunhas contra vocês, de que coloquei diante de vocês a vida e a morte, a bênção e a maldição" (Deuteronômio 30:19a).

Eles podiam escolher a vida. Ou podiam escolher a morte. Não existia meio-termo. Não escolher ainda era uma escolha, porque não era uma escolha pela vida. Não escolher é uma escolha.

Moisés colocou todos os pingos nos is para eles, assim como também é colocado para nós hoje debaixo do mandamento do amor. Temos duas opções: amar ou não amar. Tudo está ligado à nossa relação com essa nova aliança de Cristo, assim como tudo estava ligado à relação dos israelitas com a aliança de Moisés proposta a eles.

O que muitos cristãos não entendem é que, por insistirem em viver fora do alinhamento com Deus, escolhem perder a vida plena que Jesus disse que veio dar. Você não pode ter as duas coisas. Jesus disse: "O ladrão vem apenas para roubar, matar e destruir; eu vim para que tenham vida e a tenham plenamente" (João 10:10). Porém, assim como Moisés e os israelitas, esta vida vem ligada a um alinhamento de aliança que está debaixo do governo relacional de Deus.

Moisés incentivou os israelitas a escolherem a vida. Ele apresentou um retrato do que significava escolher a vida quando lhes disse:

Agora escolham a vida, para que vocês e os seus filhos vivam e para que vocês amem o Senhor, o seu Deus, ouçam a sua voz e se apeguem firmemente a ele. Pois o Senhor é a sua vida, e ele dará a vocês muitos anos na terra que jurou dar aos seus antepassados, Abraão, Isaque e Jacó. (Deuteronômio 30:19b-20).

Escolher a vida representava amar a Deus, obedecer à sua voz e permanecer fiel a Ele. Agindo assim, eles saberiam o que é a vida e prolongariam seus dias na terra que Deus lhes dera. Escolher a vida debaixo do domínio de Cristo ainda significa a mesma coisa: amar a Deus, obedecer a sua voz, apegar-se a Ele e amar o próximo. Assim, conhecemos pessoalmente a vida plena que Jesus prometeu.

Agora, Ele não disse que viveremos uma vida sem problemas, mas sim que teremos satisfação na vida. Teremos paz. "Eu disse essas coisas para que em mim vocês tenham paz. Neste mundo vocês terão aflições; contudo, tenham ânimo! Eu venci o mundo" (João 16:33). Esta vida tem preocupações. Tem dificuldades. Ela vem com decepções, desgosto e luto. Porém em meio a tudo isso e muito mais, Jesus promete que, quando escolhemos a vida alinhando-nos sob seu domínio relacional, temos paz. A paz não é a ausência de sofrimento; é a presença de Jesus para fazer você persistir.

Sei por experiência própria o poder da paz. Quando as muralhas da perda e da incerteza desmoronam ao meu redor, sei o que significa pronunciar o nome de Jesus e ser cheio de sua paz.

É essa paz que nos faz superar os obstáculos nos dias em que não conseguimos sozinhos. A paz, contudo, vem quando você escolhe alinhar seu coração, mente e ações debaixo do governo de Deus. Quando você está desalinhado, não possui direito legal de reivindicar a paz dele.

Um dia, eu tinha pegado meu carro para dirigir até a igreja. Apertei o controle da garagem automática, mas nada aconteceu. Precisava ir a uma reunião, então decidi chamar um técnico. A primeira coisa que ele me pediu para fazer foi ir até a porta da garagem e verificar se as caixas de sensores no fundo estavam viradas uma de frente para a outra, ou se uma delas estava caída em outra direção. Porque quando os dois sensores não se alinham um com o outro, o sinal não conecta e a porta da garagem não abre. Logo que virei o sensor que tinha caído e estava fora de alinhamento com o outro sensor, a porta da minha garagem funcionou bem. Eu estava livre para ir, tudo por causa dessa força poderosa chamada *alinhamento*.

Os crentes que se recusam a se alinhar ao governo divino em suas vidas enfrentam portas fechadas, destinos bloqueados e sonhos paralisados.

A porta da garagem era muito pesada para eu abri-la sozinho. Era bem difícil eu forçá-la para cima, mas um simples ajuste no alinhamento deu conta do recado. Da mesma forma, os crentes que se recusam a se alinhar ao governo divino em suas vidas enfrentam portas fechadas, destinos bloqueados e sonhos paralisados. Tudo é alinhamento. Você não pode pedir o favor divino enquanto faz escolhas que vão contra a vontade revelada do Senhor. É um pedido contraditório devido à natureza da aliança. Lembre-se, uma aliança é um laço relacional criado divinamente que traz consigo bênçãos e consequências.

Moisés deixou claro quais seriam as consequências se os israelitas não escolhessem a vida. Ele disse em Deuteronômio 30:17:

> Se, todavia, o seu coração se desviar e vocês não forem obedientes, e se deixarem levar, prostrando-se diante de outros deuses para adorá-los, eu hoje declaro a vocês que, sem dúvida, vocês serão destruídos. Vocês não viverão muito tempo na terra em que vão entrar e da qual vão tomar posse, depois de atravessarem o Jordão.

Eles iriam perecer. Seus sonhos iriam perecer. Seus planos iriam perecer. Suas esperanças iriam perecer. Tudo porque eles escolheram desviar-se e adorar outros deuses.

Pode até não ser tão comum em nossa cultura atual ídolos de madeira, ou estátuas para se curvar diante delas, mas temos outros deuses que muitos de nós servimos regularmente. O povo escolheu ter a raça, a cultura, a posição, o gênero, os bens e o entretenimento em vez de ter Deus. Continuamos fazendo essas escolhas e imaginamos por que as coisas estão tão caóticas, não só no mundo, mas também na igreja. É porque continuamos escolhendo os ídolos em vez do governo revelado de Deus.

Como saber quando você escolheu um ídolo? Um ídolo é um indivíduo, local, objeto ou ideia não autorizados que você busca para determinar suas decisões. Seja lá quem ou o que for que o influencia a ponto de tomar uma decisão final em sua vida é um ídolo. Se não é a verdade, o Deus vivo e sua Palavra, é um ídolo. Você serve àquilo a que obedece. Você adora aquilo a que se submete. Se a indústria do entretenimento influencia sua decisão final sobre algo e isso se contradiz com o governo de Deus, então esse é o seu ídolo. Ou se a economia toma a decisão final, ou um amigo, um relacionamento, até mesmo um cônjuge — todos podem ser ídolos. Afinal de contas, se Adão tivesse ouvido Deus em vez de ouvir Eva, ele também não teria comido do fruto. E estaríamos vivendo um resultado bem diferente hoje.

Qualquer rejeição daquilo que Deus diz sobre uma questão em sua vida, seja lá qual for a pessoa, lugar, fator ou mentalidade que o leve a isso, naquele momento, naquela decisão, passa a ser o seu deus. É o seu ídolo. E você se retirou da cobertura do guarda-chuva da aliança. Veja, a cobertura não funciona mais se você escolhe um ídolo. Quando você escolhe o lucro financeiro em vez do princípio bíblico, ou escolhe as normas culturais em vez do governo revelado de Deus, você está adorando um ídolo. É bem mais sério do que a maioria das pessoas gostaria de imaginar. Mateus 6:24 coloca dessa forma: "Ninguém pode servir a dois senhores; pois odiará um e amará o outro, ou se dedicará a um e desprezará o outro. Vocês não podem servir a Deus e ao Dinheiro". Para a aplicação pessoal, pode substituir nesse versículo a palavra dinheiro pelo que for que supere o governo de Deus na sua vida e afaste você de um relacionamento íntimo com Ele. Por exemplo:

Você não pode servir a Deus e à opinião popular. Não pode servir a Deus e agradar as pessoas. Não pode servir a Deus e à desonestidade. Você não pode servir a Deus e à imoralidade. Não pode servir a Deus e ao orgulho. Não pode servir a Deus e ao secularismo. Você não pode servir a Deus e à amargura. Não pode servir a Deus e a si mesmo.

Você tem uma escolha; e mais ainda: você tem de escolher. E com as escolhas vêm as consequências: bênçãos ou maldições. Basicamente, você tem de escolher se vai viver as bênçãos ou as maldições.

Refletir sobre esse assunto é um bom sinal. Deus nos deu a oportunidade de escolher se queremos experimentar bênçãos ou maldições — favor ou desfavor. Nós decidimos. Você decide. Você tem de escolher.

Moisés descreveu essa escolha entre outras tantas ao escolher "vida e prosperidade", ou "morte e destruição" (Deuteronômio 30:15). Lembre-se de que os termos bíblicos para vida e morte nem sempre estão ligados à vida e à morte físicas. Não haveria sequer um indivíduo deixado na terra para ler este livro se cada um de nós morrêssemos fisicamente toda vez que nos rebelássemos contra Deus. Nem haveria ninguém para publicá-lo e imprimi-lo. A vida espiritual envolve uma conexão com Deus e com tudo que Ele provê. A morte espiritual significa a separação de Deus que leva à turbulência interior, à adversidade, à vaidade e ao descontentamento.

Infelizmente, hoje em dia, existe muita gente espiritualmente morta. Até na igreja. Consequentemente, a vida dessas pessoas sofre o impacto de anos de consequências negativas ou de escolhas erradas. A boa notícia, porém, é que vivemos sob a nova aliança. Vivemos sob a expiação do sacrifício de Jesus Cristo. A qualquer momento, em qualquer estrada errada, podemos reverter o nosso caminho errôneo e começar a escolher a vida.

Essa reversão começa em uma rampa de saída chamada arrependimento. O primeiro passo é admitir as escolhas, ou padrões de escolhas, às quais você se alinhou e escolheu sob a influência de qualquer outra coisa que não seja o próprio Deus. A rampa começa com um espírito de humildade que admite a transgressão.

Daí, ela continua numa ponte chamada graça. É isso que o Senhor lhe dá à medida que você volta para Ele. Você segue em frente ao alinhar suas escolhas sob o governo do Senhor, de acordo com seu mandamento de amor, enquanto leva à sério os princípios de sua Palavra. A Palavra de Deus não é uma coleção de provérbios arcaicos em páginas empoeiradas que apenas servem de inspiração. Não, a Palavra de Deus é a própria vida divina. Como disse Moisés quando estava encerrando seu discurso final para os israelitas bem antes de eles entrarem na Terra Prometida:

> Guardem no coração todas as palavras que hoje declarei a vocês solenemente, para que ordenem aos seus filhos que obedeçam fielmente a todas as palavras desta lei. Elas não são palavras inúteis. São a sua vida. Por meio delas vocês viverão muito tempo na terra da qual tomarão posse do outro lado do Jordão (Deuteronômio 32:46-47).

A Palavra de Deus não é uma palavra vã para você. De fato, ela é sua vida. E ao alinhar suas escolhas de vida sob sua Palavra e buscar um relacionamento íntimo com Ele, você vai sentir a vida plena que Jesus tem para você. Você tem de escolher se quer ou não essa opção. Deus não vai forçá-lo a ter as bênçãos que Ele promete àqueles que o buscam. Você tem de escolher a vida ou a morte.

Em uma universidade escondida nas colinas orientais de nossa nação estava sentado um sábio filósofo de idade avançada. Esse filósofo tinha uma reputação por toda a parte pelas respostas sensatas para qualquer questão, por mais difícil que ela fosse. Ninguém conseguia desafiá-lo. Até que um dia alguns alunos pensaram que tinham encontrado um jeito de fazê-lo. Um dos alunos pegou um passarinho e levou-o para o homem velho e sábio enquanto os outros alunos aglomeravam-se ao redor. Os alunos tinham discutido o plano antes de entrarem. Eles tinham decidido perguntar ao filósofo se o pássaro estava morto ou vivo. Se o filósofo dissesse que o pássaro estava morto, o aluno abriria suas mãos e deixaria ele voar. Se o filósofo dissesse que ele estava vivo, o aluno iria espremer a ave até ela morrer. De qualquer jeito, o filósofo finalmente estaria errado. Os alunos pensaram que o tinham pegado nessa.

Quando o aluno fez a pergunta ao filósofo, após o murmurinho dos alunos silenciar totalmente, o sábio não disse palavra nenhuma. Pelo contrário, ele olhou para as mãos do aluno que segurava o passarinho e, em seguida, para o próprio aluno, e depois olhou para a ave nas mãos dele. O aluno mal podia esperar para provar que aquele homem estava errado, então perguntou novamente: "O passarinho está morto ou vivo?".

No que o filósofo tranquilamente respondeu: "A resposta está em suas mãos".

O volante capaz de fazê-lo retornar ao longo da jornada da sua vida está em suas mãos.

CAPÍTULO 2

A chave para sua reversão

Quando alguém tem uma chave-mestra de um estabelecimento, pode abrir qualquer porta. Todas as portas estão sujeitas à essa chave. Uma pessoa pode ter uma chave individual para o seu quarto, mas alguém com a chave-mestra pode ter acesso a todos os quartos.

O motivo de eu trazer isso à tona é porque um assunto delicado como esse de reverter as consequências ou os resultados de suas más escolhas é um tópico muito amplo. Existem tantas situações diversas nas vidas dos indivíduos que leem este livro como existem seres humanos que o leem! Cada um de vocês está lidando com uma série única de circunstâncias que pode ser totalmente diferente de uma outra pessoa que também está lendo este livro. Não serei capaz de abordar cada situação particular diretamente, mas o que posso lhe oferecer ao longo de nosso tempo juntos é uma chave-mestra. O que vamos examinar juntos são os princípios bíblicos e as verdades que abrirão qualquer porta.

Você não é uma exceção para essa chave. Sua situação não está tão distante do potencial dessa chave. Há esperança, e estou aqui para dar-lhe uma.

Agora, este livro é um pouco diferente dos muitos que escrevi porque vai analisar individualmente tipos específicos de fortalezas ou resultados negativos. Vou abordá-los após esses dois primeiros capítulos. Você pode ler tudo ou selecionar e escolher os tipos de dificuldades que está lidando pessoalmente. Há uma sabedoria a ser encontrada em cada dificuldade, então quer você encare cada problema particular sozinho, quer não, pode querer ler todos para coletar os pedacinhos da verdade que você pode aplicar a outras áreas da sua vida ou que irão ajudá-lo a auxiliar outras pessoas em circunstâncias difíceis.

É assim que as Escrituras são apresentadas para nós de várias formas também. Nenhum de nós está tentando derrubar as muralhas gigantes de pedra ao redor de uma cidade, mas a descrição de Josué sobre a queda das muralhas de Jericó contém verdades espirituais que podemos aplicar em nossa vida atualmente. Até onde se sabe, nenhum de nós precisa ser cuspido do ventre de uma baleia, mas a descrição de Jonas lança luz em princípios bíblicos de como lidar com as trevas em tempos difíceis gerados pela desobediência.

As várias categorias ou grupos de resultados negativos que vamos olhar juntos ao mostrar as maneiras de como fazer uma reversão em sua vida podem não ser sua categoria particular, mas incentivo-o a lê-los assim como quem lê todos. Por quê? Porque a verdade tem um jeito de transcender os pormenores para criar raízes e dar frutos em sua alma.

No entanto, quando começarmos nosso tempo juntos, quero que analisemos um fator que se aplica a tudo diretamente. Isso é o que eu chamo de chave-mestra. Essa única chave vai abordar a grande quantidade de situações comuns à maioria dos indivíduos que lê este livro.

Dito assim, a chave-mestra para escapar dos resultados negativos em sua vida trazidos por más decisões é um estilo de vida de arrependimento. Falei um pouco disso no capítulo 1, mas isso é tão importante que vamos mergulhar fundo neste capítulo. A única chave-mestra que abre a porta para a possibilidade de uma reversão das circunstâncias negativas da vida trazidas pelo pecado é o arrependimento.

Agora, antes de prosseguirmos, quero explicar que, geralmente, os princípios bíblicos que estamos analisando neste livro têm a ver com os resultados negativos trazidos pelo pecado. O pecado pessoal. Existe uma variedade de questões e dificuldades na vida que atormenta ou provoca os indivíduos que não têm nada a ver com seu pecado pessoal. A chave para sua reversão está sempre enraizada no perdão. Posteriormente, vamos dar uma olhada em alguns resultados negativos, tais como a

A única chave-mestra que abre a porta para a possibilidade de uma reversão das circunstâncias negativas da vida trazidas pelo pecado é o arrependimento.

discriminação. Contudo, a maioria de resultados negativos na vida está enraizada nas escolhas pecaminosas; então, no geral, é o que vamos analisar em nosso tempo juntos.

O pecado raramente é um tópico que se ouve falar muito hoje. Não combina com a atmosfera politicamente correta ou que agrade aos visitantes do clima atual de nossa igreja. Com certeza, vamos mencionar um erro ou lapso de julgamento aqui ou ali, mas diga algo sobre o pecado e as pessoas ficarão ofendidas. Mas eu preguei e pastoreei tempo suficiente para saber que, se eu tivesse medo de as pessoas se ofenderem com o que eu digo, então escolhi o ofício errado. Às vezes a verdade ofende — sobretudo quando envolve a verdade sobre o pecado.

O arrependimento é necessário porque o pecado é real. Negue a existência do pecado pessoal e terá negado a única solução disponível para os problemas autoinfligidos e as consequências que você enfrenta. Resignifique o pecado e você também terá removido sua capacidade de se desviar dos resultados negativos.

O pecado pode ser definido como qualquer violação do padrão divino. Existem pecados de comissão — incluem as coisas que você faz em violação ao governo de Deus, destituindo seu padrão. Romanos 3:23 narra: "Pois todos pecaram e estão destituídos da glória de Deus". Também existem os pecados de omissão — incluem as coisas que você não faz, mas sabe que devem ser feitas (por exemplo, amar, doar, servir). Lemos sobre os pecados de omissão em Tiago 4:17: "Portanto, pensem nisto: Quem sabe que deve fazer o bem e não o faz comete pecado".

Lembre-se, a palavra que a Bíblia usa para descrever essas coisas não é *erro*. Nem um *"agir mal"*. A palavra bíblica para violar o governo de Deus na sua vida é *pecado*. Não é uma palavra popular. Mas toda vez que você viola, transgride ou ignora o padrão de Deus em seus pensamentos, ações e palavras, você está pecando. Você está violando a natureza do próprio Deus. As Escrituras descrevem Deus como perfeito e justo em todos os seus caminhos. Ele é um ser perfeito. Da mesma forma que você não gosta de lixo, restos ou entulho, Deus não gosta do pecado porque é a antítese de sua natureza. Deus não pode ter um relacionamento com o pecado enquanto mantém sua santidade íntegra. Isso significa que o pecado deve ser tratado antes dos resultados negativos ou das consequências, já que o pecado é o que traz as consequências (Oseias 14:1).

Percebo que isso é contrário à noção popular de que podemos fazer tudo que queremos, na hora que queremos, só porque queremos. E na verdade você pode. Você tem o livre-arbítrio. Mas você não pode fazer o que quiser e ficar livre das consequências. E se quer reverter as consequências negativas em sua vida por causa do pecado, primeiro precisa aprender a tratá-lo.

Como pastor, tive a oportunidade de aconselhar muitas pessoas. Frequentemente, a raiz da questão que elas estão lidando tem a ver com o pecado. Sempre recebo uma resposta que as pessoas não quer lidar com o seu pecado. Pelo contrário, elas querem que Deus mude as consequências de seu pecado sem que seja preciso enfrentá-lo ou removê-lo. Mas não é assim que funciona. Você não pode eliminar o cheiro de comida azeda da sua lixeira sem antes remover a comida podre e limpá-la. Com certeza, você pode ser capaz de disfarçar o cheiro por um minuto com um pouco de spray perfumado, mas o fedor da comida azeda domina o ambiente mais uma vez rapidamente.

Da mesma forma que um médico ou uma enfermeira quer a sala de cirurgia esterilizada porque uma bactéria pode contaminar o processo, a santidade de Deus exige que tratemos e nos arrependamos do nosso pecado. Infelizmente, hoje em dia, muito estão presos indo ladeira abaixo na estrada da vida, querendo que Deus deixe seus pecados em paz, mas que os livrem dos problemas em suas vidas, os quais são resultados de seus pecados! Eles querem que Deus os faça se sentir melhor, parecer melhor, ficar melhor sem lidar com a causa das questões para começar. O pecado é uma afronta a um Deus santo, assim como é uma violação ao seu padrão divino.

Nas Escrituras, a morte é o resultado do pecado. Lemos:

> [...] não coma da árvore do conhecimento do bem e do mal, porque no dia em que dela comer, certamente você morrerá (Gênesis 2:17).
>
> [...] o salário do pecado é a morte, mas o dom gratuito de Deus é a vida eterna em Cristo Jesus, nosso Senhor (Romanos 6:23).
>
> [...] todos me pertencem. Tanto o pai como o filho me pertencem. Aquele que pecar é que morrerá (Ezequiel 18:4).

Então esse desejo, tendo concebido, dá à luz o pecado, e o pecado, após ser consumado, gera a morte (Tiago 1:15).

Volte, ó Israel, para o Senhor, o seu Deus. Seus pecados causaram sua queda! (Oseias 14:1).

Você pode ver por esses versículos, e por muitos outros se fizer uma busca rápida sobre o pecado nas Escrituras, que cada vez que você peca, você morre. Novamente, isso não quer dizer que você cai morto fisicamente toda vez que peca. Conforme vimos no último capítulo, o significado bíblico da morte não se refere exclusivamente à aniquilação da personalidade. Não se refere ao cessar da existência. Na Bíblia, a morte significa uma separação. Quando você ou eu pecamos, somos separados de Deus. A comunhão com Deus é desfeita e, por fim, perdida por causa do pecado. Deus não coabita com o pecado.

Agora, para o cristão, isso não indica que você perde sua salvação. A salvação está garantida pela morte sacrificial e pela ressurreição de Jesus Cristo; mas viver em pecado sem arrependimento indica que sua comunhão com Deus está bloqueada. O pecado obscurece nossa noção de intimidade com Deus, levantando a questão da garantia da nossa salvação, e evita os frutos que normalmente cresceriam para o nosso benefício e dos outros.

Quando Adão e Eva pecaram, a raça humana herdou a morte espiritual, relacional, emocional, econômica, física e a morte eterna. A partir daí, os resultados negativos e as consequências aparecem em sua vida.

Algumas pessoas que leem este livro estão mais mortas do que outras. Algumas separações são maiores do que outras. E alguns passaram dos limites mais do que outros. No entanto todas as separações podem ser tratadas pelo arrependimento. O arrependimento é a chave mestra para qualquer situação que você hoje enfrenta devido ao pecado. Ela abre a porta com base na prerrogativa de Deus para reverter, limitar, cancelar ou dar-lhe a capacidade de lidar com as consequências negativas em sua vida.

O arrependimento pode ser definido como uma solução interior e a determinação de se desviar do pecado. Ele é o modo de Deus religar a ruptura com Ele. Uma vez que essa ruptura é restaurada, existe o potencial para reverter as consequências negativas. No entanto nada disso pode ocorrer sem a decisão pessoal e interior e a determinação de confessar o pecado, desviar-se dele e voltar-se para Deus. Quando se busca reparar seu relacionamento com Deus por meio dessa decisão interior para lidar com o pecado, você prepara o terreno para sua reversão.

Quando João Batista entrou em cena para iniciar o ministério público de Jesus, ele pregou uma mensagem de arrependimento. Lemos em Mateus 3:2-3: "Ele dizia: 'Arrependam-se, pois o Reino dos céus está próximo.' Este é aquele que foi anunciado pelo profeta Isaías: 'Voz do que clama no deserto: Preparem o caminho para o Senhor, façam veredas retas para ele'".

O conceito do reino remete ao governo de Deus. Dessa forma, se você quer ver Deus governar sua situação ou invalidar as consequências do pecado, primeiro você deve se arrepender. Se você não se dá ao trabalho de se arrepender, não se dê ao trabalho de orar. Não perca seu tempo pedindo a Deus para libertá-lo das suas consequências negativas se não está disposto a se arrepender do que o levou até lá. O arrependimento é a chave-mestra para reatar seu relacionamento com Deus, para que, então, Ele intervenha nas consequências, conforme é sua prerrogativa. Isso envolve uma mudança em sua mente alinhada à visão de reverter uma direção em sua vida.

O arrependimento deve incluir um reconhecimento do pecado. Isso é manifesto pela confissão sincera. Se não acredita que há um pecado, então não precisa se arrepender dele. Confessar algo, no entanto, é reconhecer que o pecado existe. 1João 1:9 relata que o arrependimento envolve a confissão. Ele diz: "Se confessarmos os nossos pecados, ele é fiel e justo para perdoar os nossos pecados e nos purificar de toda injustiça". A palavra grega para *confessar* significa dizer em acordo. Significa dizer a mesma coisa que o outro. Você deve abordar seu pecado como Deus aborda seu pecado. E, como vimos anteriormente, Deus não chama de pecado o seu "foi mal". Não é um erro ou um lapso de julgamento. Não é um "ops!". É uma desobediência voluntária contra o padrão de um Deus justo e santo. Simples assim.

A menos que reconheça e confesse sua desobediência voluntária contra o padrão de um Deus santo, você não estará no caminho de reverter as consequências negativas causadas pelo pecado.

Se Deus chama algo de pecado, você e eu não devemos chamá-lo de um hábito ruim. Quando Deus diz que algo é pecado, não importa o que seu amigo diga que seja. De vez em quando, na cultura atual, nem sequer tem relevância o que o seu pastor diz que seja. O medo de perder os membros fez com que os pastores deixassem de chamar o pecado pelo nome. Você e eu devemos confessar o pecado como sendo pecado para que Deus o trate e restaure nosso relacionamento com Ele. Não, não acho que esse tipo de ensino vai me tornar popular, mas a popularidade nunca foi meu objetivo. Falar a verdade de Deus sob seu governo em minha vida sempre foi minha meta.

Dessa forma, o primeiro passo que você precisa dar para reverter os resultados negativos em sua vida devido ao pecado é confessá-lo a Deus.

Acompanhar sua confissão do pecado é o que a Bíblia chama em 2Coríntios 7:10-11: "tristeza segundo Deus". A tristeza segundo Deus é diferente de se arrepender de ter sido pego. Paulo diz que isso é a "tristeza segundo o mundo". Sentir "tristeza segundo Deus" não significa entristecer-se por causa das consequências; é reconhecer que você feriu a Deus. Como Davi escreveu em Salmos 51:4: "Contra ti, só contra ti, pequei". A tristeza segundo Deus é a tristeza que produz o arrependimento. Ele envolve remorso. A tristeza em si não será suficiente para fazê-lo voltar e andar no caminho certo.

Paulo explica a diferença entre a tristeza segundo Deus e a tristeza segundo o mundo em 2Coríntios 7:8-10 quando escreve:

> Mesmo que a minha carta tenha causado tristeza a vocês, não me arrependo. É verdade que a princípio me arrependi, pois percebi que a minha carta os entristeceu, ainda que por pouco tempo. Agora, porém, me alegro, não porque vocês foram entristecidos, mas porque a tristeza os levou ao arrependimento. Pois vocês se entristeceram como Deus desejava e de forma alguma foram prejudicados por nossa causa. A tristeza segundo Deus não produz remorso, mas sim um arrependimento que leva à salvação, e a tristeza segundo o mundo produz morte.

Os dois exemplos da tristeza de Pedro e e de Judas ilustram isso muito bem. Quando Judas traiu Jesus por trinta moedas de prata, a Bíblia narra que ele chegou ao ponto de se sentir triste, mas a tristeza que ele sentiu não era tristeza segundo Deus. Por isso, as emoções negativas e as consequências com as quais ele havia se envolvido levaram-no a se suicidar. Lemos:

> Quando Judas, que o havia traído, viu que Jesus fora condenado, foi tomado de remorso e devolveu aos chefes dos sacerdotes e aos líderes religiosos as trinta moedas de prata. E disse: "Pequei, pois traí sangue inocente". E eles retrucaram: "Que nos importa? A

responsabilidade é sua". Então Judas jogou o dinheiro dentro do templo e, saindo, foi e enforcou-se (Mateus 27:3-5).

Sem dúvidas, Judas se entristeceu. Ele se arrependeu do que fizera, mas era uma tristeza segundo o mundo, o que apenas o levou para uma morte posterior. Em vez de se desviar de seu pecado e se voltar para Deus, ele voltou-se para o pecado e para si mesmo. Mais tarde, Lucas escreve: "Com a recompensa que recebeu pelo seu pecado, Judas comprou um campo. Ali caiu de cabeça, seu corpo partiu-se ao meio, e as suas vísceras se derramaram" (Atos 1:18). Ele tinha acumulado pecados por meio da culpa e da punição pessoal, deixando-o (literalmente) vazio.

Diferentemente, quando Pedro pecou contra Jesus, sua tristeza estava enraizada no arrependimento segundo Deus. Lemos como Pedro reagiu em Lucas 22:61-62 quando foi confrontado pelo seu pecado. Está escrito:

> O Senhor voltou-se e olhou diretamente para Pedro. Então Pedro se lembrou da palavra que o Senhor lhe tinha dito: "Antes que o galo cante hoje, você me negará três vezes". Saindo dali, chorou amargamente.

Pedro e Judas haviam pecado contra Jesus. Judas havia traído Jesus, enquanto Pedro o havia negado. Em ambos os relatos nas Escrituras lemos quanta tristeza foi sentida. Mas Judas selou seu legado como um impostor, mentiroso e traidor, enquanto Pedro deixou um legado de liderança e amor. Como a história desses homens terminou com finais tão diferentes? Os motivos podem ser encontrados na linha tênue que há entre a tristeza segundo o mundo e a tristeza segundo Deus, a qual conduz ao remorso.

Judas sentiu o remorso que inclui aquele sofrimento pessoal capaz de explodir na alma quando a culpa extrapola as escolhas pessoais ou os erros. Esse sofrimento pessoal é um beco sem saída de autocensura e vergonha. Pedro, por outro lado, arrependeu-se. Como sabemos que ele se arrependeu? É porque "chorou amargamente"? Não. Na verdade, um indivíduo pode chorar amargamente quando seus pecados são descobertos e as consequências transbordam. Sabemos que Pedro se arrependeu porque o arrependimento sempre envolve uma mudança em sua busca. Inclui uma mudança de direção. É uma reversão do pecado.

O pecado de Pedro que o levou a negar Jesus era devido ao seu medo dos outros e a sua necessidade de autopreservação. Sabemos que Pedro buscou uma direção diferente em seu arrependimento porque foi evidenciado, não muito tempo depois, quando ele correu para o túmulo para ver se Jesus ainda estava lá, mesmo havendo guardas romanos posicionados para vigiá-lo. Ele correu para o perigo em vez de fugir dele. Também sabemos que o arrependimento de Pedro gerou uma mudança de direção quando Jesus apareceu na praia enquanto Pedro estava pescando, como lemos em João capítulo 21, ele pulou na água e nadou em direção a Jesus. Ele mal podia esperar o barco ir para o cais.

Ainda mais, após a ascensão de Jesus, Pedro proclamou com orgulho a mensagem de Cristo mesmo com o risco de seu próprio bem-estar. Ele foi preso diversas vezes por pregar, apenas para ser liberto e pregar de novo. Esse homem, que uma vez havia se encolhido de medo ao negar Jesus, agora estava de pé, proclamando com ousadia o nome do Senhor, mesmo com o risco de perder sua própria vida. Lemos sobre os frutos de arrependimento de Pedro em Atos 5:

> Tendo levado os apóstolos, apresentaram-nos ao Sinédrio para serem interrogados pelo sumo sacerdote, que lhes disse: "Demos ordens expressas a vocês para que não ensinassem neste nome. Todavia, vocês encheram Jerusalém com sua doutrina e nos querem tornar culpados do sangue desse homem". Pedro e os outros apóstolos responderam: "É preciso obedecer antes a Deus do que aos homens!" (v. 27-29).

Judas e Pedro admitiram a iniquidade de suas palavras e atos. Ambos sentiram certo nível de tristeza. Todavia, só Pedro se arrependeu. O arrependimento produz uma mudança de mentalidade sobre o pecado, estimulando assim mudanças nas ações. O arrependimento de Pedro conduziu à paz. A reação de Pedro conduziu à vida. A reação de Pedro fez uma reversão que trouxe à tona o que Mateus 3:8 relata: "fruto que mostre o arrependimento!". Ninguém vê um fruto invisível. O fruto é sempre algo que você pode ver. Pode vir em tamanhos e formas diferentes, mas é sempre visível. Ou seja, você sabe que é uma macieira porque vê as maçãs. Sabe que é uma pereira porque vê as peras. Sabe que é uma laranjeira porque vê as laranjas. Da mesma forma, sabe que se arrependeu de verdade quando vê o fruto do seu arrependimento. Vê a mudança de direção no pensamento, nas palavras e nas ações. Você faz algo que demonstra a reversão.

[Você] sabe que se arrependeu de verdade quando vê o fruto do seu arrependimento.

Você não pode se arrepender do sexo extraconjugal e ainda continuar com a prática. Você pode se sentir mal com isso. Pode sentir vergonha. Mas a ação em si tem de mudar para que seja arrependimento. Nem pode se arrepender da pornografia e continuar acessando sites pornôs. Você tem de estabelecer medidas para mudar o comportamento a fim de manter o fruto do arrependimento, ou não será arrependimento. Sim, pode ser até tristeza. Até ser remorso. Mas, como Judas, a tristeza segundo o mundo simplesmente conduz a mais morte por meio da vergonha e do comportamento de autodefesa.

Claro, alguns pecados podem ter se transformado em comportamento viciante e pará-los de supetão seria um desafio. Mas o verdadeiro arrependimento indica que deu os passos na direção certa para interromper o pecado. Você o confessa para outra pessoa. Pede ajuda. Põe limites.

Você sempre pode dar um passo de arrependimento ainda que não tenha tomado concretamente a decisão se arrepender.

Um passo de arrependimento é o fruto do coração arrependido. Se não há fruto em sua vida (um passo dado para reverter a situação pecaminosa), então você tem o direito de questionar se houve ou não só vergonha em vez de arrependimento espiritual. O arrependimento sempre conduz seu espírito para Deus e para o governo relacional dele em sua vida, além disso produz um desejo de restabelecer a comunhão com Ele.

Deus quer vê-lo demonstrar arrependimento, e não apenas falar sobre o assunto. E ainda que o pecado não desapareça por completo amanhã, Ele quer vê-lo dar passos que demonstrem uma volta. Zacarias 1:3 reforça essa verdade quando lemos: "Por isso, diga ao povo: Assim diz o Senhor dos Exércitos: 'Voltem para mim, e eu me voltarei para vocês', diz o Senhor dos Exércitos". Malaquias também nos dá esse vislumbre do coração de Deus sobre arrependimento e o ato de voltar. Lemos em Malaquias 3:7:

> "Desde o tempo dos seus antepassados vocês se desviaram dos meus decretos e não lhes obedeceram. Voltem para mim e eu voltarei para vocês", diz o Senhor dos Exércitos. "Mas vocês perguntam: 'Como voltaremos?' Voltem para mim e eu voltarei para vocês", diz o Senhor dos Exércitos.

O arrependimento envolve voltar para Deus. É bem mais profundo do que a tristeza segundo o mundo. Envolve mais que emoção. O arrependimento é uma ação que você faz para ir para a direção oposta. O arrependimento não é como um botão que você aperta. É um processo que transforma seu coração. Tiago explica com o que se parece o arrependimento quando escreve:

> Portanto, submetam-se a Deus. Resistam ao Diabo, e ele fugirá de vocês. Aproximem-se de Deus, e ele se aproximará de vocês! Pecadores, limpem as mãos, e vocês, que têm a mente dividida, purifiquem o coração. Entristeçam-se, lamentem-se e chorem. Troquem o riso por lamento e a alegria por tristeza. Humilhem-se diante do Senhor, e ele os exaltará (Tiago 4:7-10).

Não é um processo divertido. Se você verdadeiramente quer vencer o domínio de Satanás em sua vida e convidar a grande graça de Deus para os resultados negativos diários, isso envolve a tristeza pelo seu pecado. Envolve a aflição por ter entristecido o coração do Deus todo-poderoso. O arrependimento é como um sargento gritando para seus soldados:

Alto!

Meia-volta volver.

Ordinário, marche.

Não são apenas palavras. Ou, no caso, apenas orações. Se ainda está enfrentando e afligindo-se com as consequências negativas que o pecado trouxe ao seu caminho, eu o incentivo a examinar — ou reexaminar — se você realmente se arrependeu da fonte dos problemas: o pecado. O arrependimento deve ser um estilo de vida. É um modo de agir. Não é um evento. Jesus não morreu por um "Sinto muito", ou "Ops, foi mal!". Jesus morreu para abrir o caminho para nós retornarmos em nossa busca de comunhão e intimidade com Deus. Ele morreu para nos dar a habilidade e a oportunidade de nos arrependermos.

Se você quer testemunhar a intervenção de Deus em suas circunstâncias financeiras, ou em suas turbulências emocionais, ou no caos relacional e emocional, deve começar a usar a chave-mestra chamada arrependimento. Todos nós temos de usar a mesma chave. Não importa quem somos, quão abrangente é a nossa influência, quantos seguidores temos nas redes sociais, ou o quanto dizemos (ou cantamos) sobre amar a Deus. A chave-mestra do arrependimento pertence a todos nós. Nossa libertação está em nosso arrependimento. Atos 3:19-21 coloca dessa forma:

> Arrependam-se, pois, e voltem-se para Deus, para que os seus pecados sejam cancelados, para que venham tempos de descanso da parte do Senhor, e ele mande o Cristo, o qual lhes foi designado, Jesus. É necessário que ele permaneça no céu até que chegue o tempo em que Deus restaurará todas as coisas, como falou há muito tempo, por meio dos seus santos profetas.

O refrigério e a libertação do acúmulo de repercussões relacionadas ao seu pecado pessoal só vêm pelo arrependimento.

Arrependa-se. Volte. Seja renovado. É bastante simples. Mas, como veremos a partir dos vários relatos bíblicos ou tipos de consequências e suas conversões, às vezes o simples pode ser difícil. Por quê? Porque nós dificultamos.

Enquanto percorremos esses assuntos complicados, você pode me fazer um favor? Você vai destacar em sua Bíblia ou escrever em um pedaço de papel ou fazer uma anotação em seu dispositivo esta passagem de Atos 3? O segredo está na chave-mestra. A sua libertação está nessa verdade. Sua reversão rumo ao seu destino está nestas palavras:

> *Arrependam-se, pois, e voltem-se para Deus, para que os seus pecados sejam cancelados, para que venham tempos de descanso da parte do Senhor, e ele mande o Cristo, o qual lhes foi designado, Jesus.*

Grife-as. Memorize-as. Medite nelas. Aplique-as em sua vida. Vivencie-as. Lembre-se de que sua libertação está em seu arrependimento (Isaías 1:18-20).

Aqui está sua reversão. O melhor ainda está por vir.

CAPÍTULO 3

Revertendo as consequências da idolatria

Vivemos em uma era das *selfies*. Em todos os lugares para onde você vá, tem gente tirando fotos de si mesmas. Se Deus estivesse caminhando entre nós na forma humana neste tempo da história, no entanto, Ele não tiraria uma *selfie*. É porque uma das coisas que Deus disse ao seu povo é que eles jamais deviam fazer uma imagem do Deus vivo.

Os israelitas foram avisados estritamente para não esculpir, criar, construir ou moldar qualquer coisa que se assemelhe a Deus. A única *selfie* que Deus já tirou em toda a história foi na pessoa de Jesus Cristo. Jesus é a *selfie* de Deus. Ele disse para a humanidade nem sequer tentar nada além de Jesus porque nós estragaríamos tudo. Na melhor das hipóteses, nossas tentativas de fazer uma imagem de Deus seriam como uma fotografia ruim que você consegue dessas cabines fotográficas. Elas são um reflexo barato da realidade e, geralmente, não é algo que você mostra para muitas pessoas. Elas, na maioria das vezes, distorcem a realidade. E no plano espiritual, qualquer distorção de quem Deus realmente é torna-se idolatria.

Agora, não passe rapidamente por este capítulo porque acha que a idolatria é para as culturas distantes em épocas remotas. Vivemos em uma sociedade saturada de ídolos. Embora sejam sofisticados, os ídolos estão por toda parte.

Um ídolo é qualquer pessoa, lugar, item ou ideia que alguém admire como sendo sua fonte. Poderia ser sua fonte de bem-estar emocional, provisão, força, identidade, boa saúde ou inúmeros fatores. Isso é idolatria porque Deus é a fonte de tudo o que precisamos. Como crentes, devemos amar o Senhor nosso Deus em primeiro lugar. Qualquer coisa que compete com o amor, a honra, a reverência e o alinhamento é um ídolo.

Os ídolos surgem em todas as formas e tamanhos em um esforço de competir com Deus e nos afastar do Senhor. Os ídolos possuem um propósito universal: substituir o governo legítimo de Deus em sua vida. Como rei, Deus deve ser o governador supremo em tudo o que você pensa, diz ou faz. Fomos colocados aqui na terra para cumprir os planos do reino. Os planos do reino podem ser definidos como a manifestação visível do governo abrangente de Deus sobre cada área da sua vida.

> *E no plano espiritual, qualquer distorção de quem Deus realmente é torna-se idolatria.*

Satanás usa os ídolos para nos afastar do governo legítimo de Deus. Satanás e seus demônios agem assim trazendo forças competitivas para nos afastar da verdade e nos fazer regredir e sequestrar nossa tomada de decisões. Praticamente tudo de errado em nossa vida continua desmoronando, ainda que possa ter começado parecendo e tendo a sensação de estar certo, está errado porque é um ídolo. Cada caminho errado que você escolhe tem um ídolo na frente, como a fábula da cenoura na frente do burro.

Para realizar uma reversão e sair do caminho errado da idolatria, você deve primeiro e antes de tudo reconhecer seu pecado de idolatria pelo que ele é. É uma trama inteligente do inimigo para fazê-lo entrar em um caminho prejudicial e infrutífero. O relato bíblico de Manassés dá-nos um grande entendimento dessa estratégia de Satanás, então vamos analisá-lo neste capítulo.

Em 2Crônicas 33, esse homem chamado Manassés é apresentado. Ele é o cúmulo da maldade. Veremos isso à medida que avançarmos. Mas o que quero destacar para você agora é que muitos sentem que estão simplesmente longe demais de uma reversão. Mas nunca é o caso. Eu não ligo o quanto você foi ou está sendo mal agora — Deus pode lhe dar uma saída. Manassés é a prova viva.

Ele tornou-se rei quando tinha apenas doze anos, e reinaria por 55 anos. Agora, para apreciar sua história de vida, você precisa entender que ele foi criado em um lar temente a Deus. Ele foi criado da maneira certa. Um resumo da vida de seu pai Ezequias pode ser encontrado em 2Crônicas 29. O segundo versículo resume melhor a liderança de Ezequias quando diz: "Ele fez o que o SENHOR aprova, tal como tinha feito Davi, seu predecessor".

Manassés tivera toda oportunidade de saber como é uma liderança piedosa e aprender com ela. Ele foi criado por um pai que amava a Deus, servia-o, e queria que todos ao seu redor também amassem e servissem a Deus. Contudo uma educação piedosa não garante uma descendência piedosa. Em 2Crônicas 33:2, lemos que Manassés escolheu ir na direção oposta de seu pai. Ele descambou para um caminho bem diferente. Está escrito: "Ele fez o que o SENHOR reprova, imitando as práticas detestáveis das nações que o SENHOR havia expulsado de diante dos israelitas". Ezequias foi um homem piedoso, mas seu filho, Manassés, desviou-se do rumo certo.

Manassés cedeu ao chamado da cultura local. A passagem narra que o mal que ele cometeu foi "imitar as práticas detestáveis das nações que o SENHOR havia expulsado". Manassés foi atraído pelo povo. Ele adotou a cosmovisão das outras nações. Elas são chamadas de "abomináveis" segundo a Nova Almeida Atualizada, mas a maioria das pessoas naquele tempo não via as coisas assim. Elas teriam chamado de divertidas, empolgantes, liberdade de expressão, politicamente correto, ou inúmeras outras coisas. Manassés ficou popular junto de quem era popular, por assim dizer.

Sem dúvidas, se o Instagram existisse naquela época, a conta de Manassés teria milhões e milhões de seguidores, à medida que ele postava fotos dele mesmo em várias poses, vestido qual possa ser o estilo do dia. Você tem de lembrar que o que a Bíblia chama de "abomináveis", a cultura diz que é legal.

Manassés foi seduzido e traiu. Ele incorporou a cosmovisão da sociedade que o cercava, em vez de incorporar a piedade na qual havia sido educado. Desse modo, os versículos 3-6 narram o que ele fez:

> Reconstruiu os altares idólatras que seu pai Ezequias havia demolido, ergueu altares para os baalins e fez postes sagrados. Inclinou-se diante de todos os exércitos celestes e lhes prestou culto. Construiu altares no templo do SENHOR do qual o SENHOR tinha dito: "Meu nome permanecerá para sempre em Jerusalém". Nos dois pátios do templo do SENHOR ele construiu altares para todos os exércitos celestes. Chegou a queimar seus filhos em sacrifício no vale de Ben-Hinom; praticou feitiçaria, adivinhação e magia, e recorreu a médiuns e aos que consultavam os espíritos. Fez o que o SENHO reprova, provocando-o à ira.

Não há nada que você diga que Manassés não tenha feito. Magia — conhecida hoje como horóscopo. Adivinhação — leitura das mãos ou recorrer a médiuns. Sacrifício de crianças — aborto. Bruxaria — satanismo e feitiços. Manassés levou os ídolos da cultura para dentro da casa de Deus, assim como muitos crentes continuam fazendo hoje, só que com nomes diferentes.

Na verdade, a cultura influencia tanto a igreja no mundo atual que as pessoas estão trazendo todos os tipos de males para dentro do ambiente destinado para o bem. E as igrejas apenas concordam para terem muito dinheiro, atraírem multidões, ganharem notoriedade, manterem as pessoas felizes e ficarem populares. Você sabe quando a cultura está encrencada quando o púlpito e os bancos da igreja estão se submetendo às demandas da sociedade.

Os ídolos estão por toda parte. Eles não são apenas esculturas de madeira. São ídolos educacionais. Ídolos sociais. Ídolos relacionais. Ídolos do entretenimento. Ídolos do esporte. Ídolos de gênero. Ídolos da causa. Ídolos econômicos. Nós anunciamos as personalidades e as plataformas atuais como se fossem deuses. As pessoas gastam horas e mais horas todos os dias rolando a tela do celular, vendo fotos no Facebook, Instagram, Twitter e afins — seguindo tolos. Estão seguindo gente louca e indecente que, por acaso, tem uma boa aparência ou sabe como editar uma foto. E essas mesmas pessoas que passarão horas todos os dias olhando para gente tola não conseguem tirar cinco minutos para estar com Deus ou ler sua Palavra.

Dizer que somos uma nação idolatra é um eufemismo. Mesmo assim, o Deus da criação não tolera competição. Ele tem uma cláusula de exclusividade. Ele tem um contrato de não concorrência. Dessa forma, toda vez que você entrar numa competição ou idolatria contra o lugar de direito de Deus em sua vida, você estará indo na direção errada. Você terá feito do Deus todo-poderoso seu inimigo. Como Ezequiel 14:6 relata, há só uma direção quando se trata de ídolos: "Por isso diga à nação de Israel: Assim diz o Soberano, o Senhor: 'Arrependa-se! Desvie-se dos seus ídolos e renuncie a todas as práticas detestáveis!'".

No entanto, quanto aos ídolos, não foi isso que Manassés fez. Na verdade, 2Crônicas 33:9 diz que ele até acelerou na direção errada que havia tomado. Lemos: "Manassés, porém, desencaminhou Judá e o povo de Jerusalém, ao ponto de fazerem pior do que as nações que o Senhor havia destruído diante dos israelitas". Ele fez mais que os pagãos, os pecadores, os gentios e os bruxos. Ele ficou completamente entrelaçado com as forças demoníacas disponíveis. Isso que é idolatria!

Manassés havia se desviado tanto que Deus procurou trazê-lo de volta. Primeiro, o Senhor falou com ele, mas Manassés não ouviu. Daí, depois que ele escolheu não ouvir, Deus chamou-lhe sua atenção de outro jeito. Lemos:

> O Senhor falou a Manassés e a seu povo, mas não lhe deram atenção. Por isso o Senhor enviou contra eles os comandantes do exército do rei da Assíria, os quais prenderam Manassés, colocaram-lhe um gancho no nariz e algemas de bronze e o levaram para a Babilônia. Em sua angústia, ele buscou o favor do Senhor, o seu Deus, e humilhou-se muito diante do Deus dos seus antepassados (v. 10-12).

> Às vezes Deus vai criar um caos em nossa vida para chamar nossa atenção.

Deus quebrantou Manassés. Ele criou uma situação na qual o rei teria de ouvi-lo. Ele permitiu que os outros colocassem um gancho em seu nariz, o algemassem e o levassem para a Babilônia. Às vezes Deus vai criar um caos em nossa vida para chamar nossa atenção. Se nossos ouvidos se fecharem para ouvir, e nosso se fizer coração muito duro para fazer perguntas e buscá-lo, então Deus permitirá que a desordem nos atraia de volta a Ele.

Preste atenção no modo que a passagem é enunciada. Ela não diz que os Assírios vieram e prenderam Manassés. Ela diz: "Por isso o SENHOR enviou contra eles os comandantes do exército do rei da Assíria". Deus enviou o inimigo para derrubar Manassés. Até os pecadores têm de obedecer ao que Deus ordena. Até o diabo está numa coleira. Quando você ou eu testemunhamos a influência negativa ou a opressão maligna, não devemos nos apressar em apontar o dedo. De vez em quando, Deus está guiando as ações e as atividades do povo para gerar o bem maior para todos.

Hebreus 12:6 diz por que Deus, às vezes, faz o que Ele faz quando a vida não está boa ou de acordo com nossos planos. Está escrito: "Pois o Senhor disciplina a quem ama, e castiga todo aquele a quem aceita como filho". Deus não vai tolerar ídolos que competem com sua glória. Ele não busca ser maldoso, mas se você ou eu não ouvirmos quando Ele fala, geralmente a disciplina virá logo em seguida. É por isso que é sempre melhor ouvir o Senhor e alinhar suas ideias, palavras e ações sob o governo universal dele.

Manassés aprendeu a lição de modo árduo. Em seu sofrimento, ele se humilhou e ouviu a Deus. Às vezes, Deus nos coloca de joelhos. É exatamente o que Ele fez com Manassés. Deus o esvaziou de sua independência. Ele destruiu sua autossuficiência. Ele havia pedido uma rendição voluntária, mas quando Manassés recusou-se a ouvi-lo, deu-lhe um motivo para elevar seus olhos. Às vezes a humanidade só precisa de uma ajudinha da humildade.

No futebol americano, os maiores jogadores precisam se abaixar ao máximo para fazer a jogada. Quanto maior você for, mais terá de se abaixar. Da mesma forma, você e eu viveremos por completo nosso destino e propósito na vida quando nos humilharmos e nos rebaixarmos. "Deus se opõe aos orgulhosos, mas concede graça aos humildes" (Tiago 4:6). Não é uma ideia ou hipótese aleatória. As Escrituras estão cheias dessa realidade:

> Embora esteja nas alturas, o Senhor olha para os humildes, e de longe reconhece os arrogantes (Salmos 138:6).

> Ele zomba dos zombadores, mas concede graça aos humildes (Provérbios 3:34).

> O orgulho do homem o humilha, mas o de espírito humilde obtém honra (Provérbios 29:23).

Pois todo aquele que a si mesmo se exaltar será humilhado, e todo aquele que a si mesmo se humilhar será exaltado (Mateus 23:12).

Derrubou governantes dos seus tronos, mas exaltou os humildes (Lucas 1:52).

Deus não gaguejou sobre como Ele vê o orgulho. Não devia haver ambiguidade em como interpretamos sua Palavra nesse assunto em relação a esse ídolo específico. A maioria não vê a independência ou o orgulho como sendo um ídolo, mas ele é. Na verdade, é um dos principais ídolos aos quais somos tentados a servir. Não há exceções — todos nós já nos curvamos para esse ídolo uma vez ou outra. Com certeza, alguns podem ter se curvado em diferentes níveis ou graus, mas todos adoramos o ídolo da autossuficiência, da independência e do orgulho. Manassés curvou-se ao orgulho, e isso o levou para um caminho de destruição. Foi só quando Deus permitiu que ele chegasse ao fundo do poço que percebeu o quanto suas escolhas haviam sido errôneas. Ele se humilhou diante do Senhor porque estava sofrendo. O sofrimento fará seu papel. Deus pode fazer a gente ficar tão desesperado que terminamos descobrindo que Ele é o único a quem devemos nos prostrar.

Por inúmeras vezes nas Escrituras Deus deixou seu povo à mercê de seus próprios ídolos. Ele se retirou e deixou o povo descobrir o que um ídolo causava. Constantemente, ele causava sempre a mesma coisa: desastre. É só quando você e eu aprendemos a ser dependentes do único e verdadeiro Deus que viveremos a manifestação completa do nosso destino.

Você se lembra do desenho animado *As novas aventuras do cavaleiro solitário* quando era criança? Ou talvez o tenha assistido pela TV a cabo. O cavaleiro solitário viu um cavalo, mas o animal era um garanhão selvagem. O cavalo não deixava o cavaleiro montá-lo. O cavaleiro subia nele, mas o cavalo pulava para derrubá-lo. Entretanto, em vez de desistir e ir embora, o cavaleiro solitário montava nele de novo. E, novamente, ele pulava e o derrubava. Continuou assim por várias vezes, até que finalmente o cavalo entendeu que o cavaleiro não ia desistir. Ele estava disposto a montá-lo e a ser sacudido quantas vezes fossem necessárias para domar o animal. É porque o cavaleiro solitário viu algo no garanhão selvagem. Ele viu algo especial.

E quer saber? Deus apenas nos quebranta porque Ele vê algo em nós que vale a pena buscar. Apenas quando Deus destrói nossa independência para nos alinhar debaixo de sua direção, estamos livres para alcançar nosso potencial. Enquanto formos independentes, simplesmente ficaremos vagando sozinhos pela vida. Mesmo quando clamamos pela mão poderosa de Deus em nosso coração, Ele nos dá a habilidade de fazer e alcançar muito mais. Para alguns de nós, esse

> *Deus apenas nos quebranta porque Ele vê algo em nós que vale a pena buscar.*

quebrantamento pode acontecer rapidamente. Para outros, são necessários vários testes antes de elevarmos nossos olhos em humildade a Deus, assim como Manassés fez.

Quando Manassés se humilhou diante de Deus, o Senhor respondeu:

> Quando ele orou, o Senhor o ouviu e atendeu o seu pedido e o trouxe de volta a Jerusalém e a seu reino. E assim Manassés reconheceu que o Senhor é Deus (2Crônicas 33:13).

Deus fez uma reversão na vida de Manassés. Deus mudou a situação dele. Ele o tirou da Babilônia e o trouxe de volta a Jerusalém. Assim que percebeu que os adivinhos, os astrólogos, os espíritas e satanistas não podiam ajudá-lo, ele clamou em arrependimento ao único e verdadeiro Deus. Quando ele finalmente entendeu que seu dinheiro, poder, prestígio e influência não podiam redimi-lo, voltou-se para aquele que podia. E Deus mostrou a Manassés misericórdia e graça. Deus foi tocado pelo pedido de ajuda vindo do rei. Um atributo que nem sempre associamos a Deus é sua emoção. Mesmo que haja muito mistério aqui envolvido e embora a emoção divina seja diferente da emoção humana, a Bíblia mostra repetidas vezes um Deus que reage com um coração amoroso e carinhoso. Quando Manassés se humilhou, Deus respondeu. E ele sempre responde ao verdadeiro arrependimento e humildade.

Salmos 103:10 descreve o seguinte: "Não nos trata conforme os nossos pecados nem nos retribui conforme as nossas iniquidades". Também vemos essa faceta de Deus em Isaías 59:1-2:

> Vejam! O braço do SENHOR não está tão encolhido que não possa salvar, e o seu ouvido tão surdo que não possa ouvir. Mas as suas maldades separaram vocês do seu Deus; os seus pecados esconderam de vocês o rosto dele, e por isso ele não os ouvirá.

Deus se afasta quando nossos pecados desfazem nossa comunhão com Ele. Ele se afasta porque sabe que não é bem-vindo em um ambiente cheio de ídolos. Mas quando você e eu nos humilhamos diante dele, Ele se aproxima. É exatamente o que Ele fez com Manassés. Deus fez Manassés voltar exatamente onde tudo começou a dar errado. Ele o colocou no centro de Jerusalém mais uma vez. Ele o trouxe de volta e o restituiu à posição da qual Manassés havia sido expulso. Isso é misericórdia e graça. Deus não o colocou para escanteio. Ele não disse: "É, eu o perdoo, mas você vai passar o resto da sua vida abandonado em exílio". Não, Deus o trouxe de volta e colocou-o na mesma posição. Deus decidiu qual nível de restauração Manassés teria. E Ele também decide qual nível você tem. Não, não será o mesmo na vida de cada um, mas a restauração de Deus para nós sempre revela sua graça e misericórdia.

A boa notícia que devemos extrair desse relato em 2Crônicas é que Deus pode nos encontrar nos lugares mais sombrios da nossa vida e até nos confins de nossa desobediência e desonra. Ele não só pode nos encontrar, como também pode nos redimir. Ele pode redimir você. Você não está tão distante a ponto de Deus não poder restaurá-lo. Você não pendeu na estrada errada por tanto tempo a ponto de não haver um caminho de volta. Humilhe seu coração diante do Senhor, desvie-se dos ídolos que o aprisionaram, e Ele o encontrará onde você estiver. Ele vai exaltá-lo.

Há um homem que mora em DeSoto, Texas, e é um especialista em ferro-velho. Ele se especializou no lixo dos outros. Esse homem vai até os ferros-velhos pelo estado e encontra tralha que foi jogada fora. Ele vê algo nela que os outros não conseguem ver, então ele compra o descarte por uns trocados e leva para sua garagem, onde o transforma em uma peça de arte contemporânea, vendendo-a por milhares de dólares.

Sim, de certa forma parecia tralha. Na verdade, era. Porém, nas mãos de um mestre, até o lixo pode transformar-se em arte. A sua situação e seu caminho podem parecer sujos e inúteis. Suas circunstâncias e escolhas podem parecer irredimíveis. Mas a boa notícia dessa mensagem é que, quando você entrega sua vida nas mãos do Mestre, Ele pode fazer de você a obra-prima que Ele projetou desde o início. Não importa quanto tempo você esteve longe do caminho, Deus pode restaurá-lo. Não importa o quanto você se distanciou na direção errada, Deus pode redirecioná-lo. Não importa o quanto você se sinta inalcançável, Deus está perto de você. Manassés estava no fundo do poço, ainda assim Deus o alcançou e o levou de volta para casa.

Duas crianças estavam visitando seus avós. Uma delas era bem traquinas, então ele foi até o lago com seu estilingue e acertou um pato com uma pedra. Ele acertou o pato com tanta força que o animal morreu. O menininho ficou assustado porque sabia o quanto sua avó amava os patos, então ele tentou esconder o bicho morto e voltar para casa como se nada tivesse acontecido.

O problema dele era que sua irmã tinha visto tudo. Ela rapidamente o fez saber que ela também tinha visto tudo. Agora o menino sentiu mais do que culpa, ele sentiu medo. Assim que a avó pediu para a irmã do menino colocar a mesa para o jantar, esse medo começou a ditar suas escolhas. Sua irmã respondeu de prontidão: "Joey quer colocar a mesa, vovó". Ela piscou para Joey. Ele pulou imediatamente para arrumar a mesa.

Quando seu avô pediu para ela ajudá-lo a remover o lixo da calçada, ela apenas piscou para Joey, que se levantou e levou o lixo para a calçada. Isso continuou por vários dias. Joey não estava fazendo apenas suas tarefas, mas também as da irmã. Ele havia se tornado seu escravo por causa do medo.

Quando Joey não aguentou levar isso adiante, ele finalmente confessou que tinha matado o pato. Sua avó respondeu: "Eu sei que você matou o pato, Joey. Eu vi você matando o bichinho. Eu não disse nada porque queria ver até que ponto você ia permitir que sua irmã o fizesse de refém".

Deus viu tudo o que você fez. Ele sabe o quanto você foi longe e a fundo. Não importa por quanto tempo você mantém seu pecado oculto, você não pode escondê-lo de Deus. Ele sabe, mas ele também quer ver até que ponto você vai deixar o diabo o manter refém por causa do medo. Ele quer ver até que ponto vai permitir que Satanás controle, limite e engane você. Deus está pronto para perdoá-lo e garantir-lhe uma reversão, mas é você que decide se primeiro busca o Senhor em humildade e honestidade. Ele está esperando pelo seu arrependimento. Ele está perto.

Não seria legal Ele levá-lo de volta ao lugar que você pertence? E Ele levará se você humilhar seu coração e buscar sua destra de graça e misericórdia.

CAPÍTULO 4

Revertendo as consequências do vício

Muitos filhos de Deus são prisioneiros de batalhas espirituais. Eles existem como prisioneiros de guerra, presos em um ciclo que os tem feito ser incapazes de romper.

Seja esse ciclo de alcoolismo, materialismo, amargura, inveja, glutonaria, autopiedade, pornografia, drogas, jogos de azar, profanação, redes sociais, pensamentos negativos, raiva ou ressentimento, os vícios químicos ou emocionais aprisionam muitos indivíduos atualmente. Gente bem-intencionada e organizações em nossa cultura construíram uma indústria inteira de recuperação de drogados para ajudar as pessoas a saírem da morsa que o prendem como reféns.

Apesar da abundância de ministérios, grupos de igreja, grupos locais, clínicas, hospitais, campos e sistemas de suporte disponíveis à população hoje, muitos indivíduos permanecem preso nas garras mortais dos pecados viciosos. A oração não os libertou. A força de vontade não os libertou. Frequentar a igreja ou dar dízimos não os libertou. Dessa forma, dia após dia ainda há milhões de corações, mentes e almas presos em um ciclo autodestrutivo de comportamento vicioso.

O termo bíblico para o que conhecemos hoje como vício é *fortaleza*. A palavra *fortaleza* é utilizada porque se refere tanto para a natureza física quanto espiritual do vício. Um vício — ou mais precisamente, uma fortaleza espiritual — é um padrão entrincheirado de pensamentos e ações negativas em que acreditamos, agindo como se eles fossem imutáveis, ainda que seja contra a vontade de Deus. É um pecado que se tornou um senhor de escravos que governa nossos pensamentos, decisões e ações.

Muitas pessoas simplesmente buscam consertar o aspecto físico e emocional do vício sem também tratar a natureza espiritual. Não me entenda mal — os aspectos emocionais e físicos precisam ser tratados e existem profissionais que podem ajudar nessas áreas. Mas se for separado do componente espiritual, isso leva ao fracasso e à armadilha, pois todos os vícios estão enraizados no espiritual. Eles buscam suas forças da mesma fonte, emanando daquele espaço interior que existe além dos cinco sentidos de nossa realidade rotineira.

Evidentemente, o primeiro passo para se afastar de um vício é querer ser liberto. Às vezes, Jesus perguntava às pessoas se elas queriam ser curadas (João 5:6). Se uma pessoa está cativa e quer permanecer cativa, não há nada que alguém possa fazer para que ela vá na direção certa. A libertação do comportamento vicioso tem de vir de dentro. Se você se vê em uma armadilha espiritual em alguma categoria da vida que tem sido inculcada com padrões de pensamentos negativos como uma cobra que se enrola em si mesma dentro de sua mente, pode escolher uma nova direção rumo à libertação. Mas tem de começar com você. Você tem de escolher sair do caminho existente e seguir em uma direção diferente.

Seu vício não é uma realidade inevitável. Você não está encarcerado em uma prisão sem a chave. Não decore sua cela, nem se sinta em casa lá dentro. Não seja vítima da mentira de que isso nunca mudará ou de que o melhor a se fazer é "administrar" o nível do seu vício. É possível ser completamente livre de qualquer coisa que a fortaleza procura para sufocá-lo. Mas começa com você eliminando os pensamentos desesperados de derrota, vitimização e desesperança.

Você não é o único, nem o primeiro, a lutar pela liberdade. Até mesmo o grande apóstolo Paulo enfrentou algo de que ele tinha dificuldade em se livrar. Em Romanos 7:14-24 ele lamenta as coisas que estava fazendo, mas não queria fazer. Sua vontade estava lá para dominar. Ele disse a si mesmo para não fazer aquilo. Ele estava falando sério a respeito de dominar essa vontade. Mas ele ainda lutava entre o impulso da carne e o poder do seu espírito. Os dois juntos simplesmente não eram compatíveis.

Da mesma forma, quando Jesus ressuscitou Lázaro dos mortos, é dito que Lázaro saiu do túmulo com os pés e as mãos amarrados. Só porque ele foi restaurado à vida não quer dizer que ele estava livre. Lázaro ainda estava preso. É por isso que

> *A vida e a liberdade nem sempre vêm de mãos dadas. Muitos que estão vivos ainda não estão livres.*

Jesus instruiu quem estava perto para desamarrar as ataduras, assim Lázaro pôde ser livre.

A vida e a liberdade nem sempre vêm de mãos dadas. Muitos que estão vivos ainda não estão livres. Quando os escravos haviam sido libertos pela Proclamação de Emancipação do presidente Lincoln, muitos não ficaram sabendo por vários anos. Legalmente, eles estavam livres; porém, emocionalmente, mentalmente e fisicamente, eles não o eram. Paulo fala a respeito de um espírito de escravidão quando descreve nossa batalha em Romanos 7:14-15. Está escrito:

> Sabemos que a Lei é espiritual; eu, contudo, não o sou, pois fui vendido como escravo ao pecado. Não entendo o que faço. Pois não faço o que desejo, mas o que odeio.

Paulo resume o que muitos sentem quando estão presos no comportamento vicioso. O vício deixa a sensação de estar fazendo exatamente aquilo que você não quer fazer. Parece com escravidão e servidão. Todo escravo tem um senhor. Nesse caso, o senhor é o pecado. Paulo não chama isso de hábito ruim. Nem se refere a ele como sendo um erro. Ele chama exatamente pelo nome: pecado. Não é só uma luta. Não é só um desafio. É pecado. E para que você vença essa fortaleza do pecado em sua vida, também vai precisar chamá-lo pelo nome. O vício pelo qual busca a libertação é o pecado. O pecado segura o chicote e governa você como sendo seu senhor. Chamá-lo de pecado faz a questão ser espiritual e bem mais séria.

Isso o coloca em uma nova perspectiva, não é mesmo? Ajuda a perceber que o que você está enfrentando vai precisar mais do que força de vontade ou determinação. O pecado só pode ser vencido por meio de um tratamento espiritual e de uma força maior do que a sua. Veja: quando você está doente e vai ao médico, o especialista vai tentar encontrar a causa da sua doença. Ele ou ela precisa localizar a causa para que possa lhe dar a cura exata. O que muitos estão fazendo ao buscar vencer os vícios é tentar curar a causa errada. Eles estão medicando algo que não é o problema em si. Normalmente, procuram medicar os resultados do problema ou os sintomas da doença. Mas se você quer realmente ser mais saudável e se curar de um vício na sua vida, precisará tratar a raiz espiritual do pecado.

Para compreender essa questão mais profundamente, vamos dar uma olhada na Palavra de Deus em 2Coríntios 10:2-5. Está escrito:

> Rogo a vocês que, quando estiver presente, não me obriguem a agir com audácia, tal como penso que ousarei fazer, para com alguns que acham que procedemos segundo os padrões humanos. Pois, embora vivamos como homens, não lutamos segundo os padrões humanos. As armas com as quais lutamos não são humanas; ao contrário, são poderosas em Deus para destruir

fortalezas. Destruímos argumentos e toda pretensão que se levanta contra o conhecimento de Deus e levamos cativo todo pensamento, para torná-lo obediente a Cristo.

Paulo nos diz claramente o que estamos enfrentando quando buscamos vencer um vício. "Destruímos argumentos e toda pretensão que se levanta contra o conhecimento de Deus." A palavra grega para "pretensão" também pode ser descrita como uma "divisória". Tenho certeza de que você já esteve em um ambiente onde existe uma divisória que pode ser fechada para dividir o cômodo em seções menores. Muitos dos cômodos na igreja que pastoreio tem divisórias neles para reconfigurar o ambiente para propósitos específicos. Essas divisórias são altas, pois podem ir do chão ao teto para criar totalmente um espaço para as pessoas se reunirem.

Agora, o motivo pelo qual dividimos o cômodo é para que a informação em uma parte da sala não passe para a reunião que está ocorrendo na outra parte da sala. Queremos que o assunto seja separado para que uma sala não interfira na outra. Dessa forma, o que Paulo está dizendo é que a razão pela qual muitos de nós somos vencidos é porque não conseguimos destruir a divisória na mente. Há um bloqueio que Satanás busca erguer na mente e que separa o conhecimento de Deus dos pensamentos humanos. Quando a divisória fica no meio do caminho, a verdade de Deus não penetra para informar e transformar os pensamentos humanos. Então, o inimigo separa o seu pensamento do ponto de vista de Deus sobre a questão. E qualquer mentalidade que não venha de Deus e de sua verdade é uma mentalidade que contradiz a Deus e à sua Palavra. Paulo chama de "argumentos [...] que se levanta contra o conhecimento de Deus".

Quando a verdade de Deus não influencia mais seu padrão de mentalidade, vive-se em um estado de derrota eterna. O termo bíblico para essa divisória e pensamento dividido é "ânimo dobre" (mente dividida). Refere-se a pensar em dois lados opostos ao mesmo tempo.

Pense no que aconteceria se tentasse dirigir em duas direções diferentes ao mesmo tempo. Você não iria a lugar nenhum, e com rapidez. Da mesma forma, a mente dividida mantém você preso, amarrado e enterrado em um comportamento vicioso e em padrões de mentalidade que o impedem de alcançar por completo o destino e o propósito que Deus planejou para você viver. Um dos objetivos principais de Satanás é deixá-lo pensar em dois lados opostos ao mesmo tempo. Enquanto ele puder manter sua mente distraída da verdade de Deus, pode manter você preso e encarcerado em suas próprias consequências.

Satanás não se importa se você frequenta a igreja aos domingos, contanto que ele tenha seus pensamentos de sábado à tarde ou domingo à noite. Pois se conseguir impedir os pensamentos de Deus de penetrar em todo o seu ser, então ele sabe que tais pensamentos não vão durar por muito tempo.

É como se você fosse para um restaurante a quilo para obter alimento para sua alma. Você decide encher seu prato com todas as opções, mas quando chega ao final da fila e é hora de escolher sua bebida, pede um refrigerante diet. Você age assim porque espera que, de alguma forma, esse refrigerante diet anule todo o açúcar e a gordura do frango frito e dos carboidratos que colocou em seu prato.

Amigo, não é assim que as coisas funcionam. Porém, o que muitos vão fazer é frequentar a Igreja da Dieta aos domingos esperando receber neste dia algo que vai, de certa forma, equilibrar todos os padrões de mentalidade mundana e atividades dos quais eles fazem parte de segunda a sábado. Mas a verdade é que em uma divisória não dá brechas para a infiltração. Uma divisória anula o conhecimento de Deus, tornando-o incapaz de seguir rumo à sua vitória.

Para a verdade de Deus penetrar e trazer a vitória para a área de qualquer fortaleza que esteja enfrentando devido à pressão do pecado sendo aumentado por Satanás e seus demônios, a divisória tem de ser destruída. A muralha tem que cair. A fortaleza que cerca as mentiras de Satanás devem ser destruídas, e não reconstruída. Quando você entender esse conceito, ele será para você uma verdade transformadora. Enquanto você não perceber que tem uma mente dividida, não terá a vitória. A divisão mantém você derrotado e incapaz de reverter sua vida e circunstâncias.

Então, como derrubar essa muralha? Jesus explica. Lemos em João 8:31-32:

Disse Jesus aos judeus que haviam crido nele: "Se vocês permanecerem firmes na minha palavra, verdadeiramente serão meus discípulos. E conhecerão a verdade, e a verdade os libertará".

Você é livre pela verdade. Agora, sei que isso não é novidade. Tenho certeza de que já ouviu isso antes. Então, deixe-me colocar de outra maneira em um esforço para fazer esse conceito ir mais fundo. Você só será livre pela *verdade*, e não por aquilo que acredita ser a verdade. A verdade vai libertá-lo. Não a sua versão da "verdade". Por isso, muitos estão andando em círculos hoje em dia e falando sobre "minha verdade", ou "sua verdade". Nada é a verdade, senão a verdade de Deus.

A verdade diz respeito ao padrão absoluto pelo qual a realidade é medida. A verdade sempre está fora de você. Ela nunca é definida nem criada por você. Um mais um é igual a dois. E um mais um sempre foi igual a dois. E um mais um sempre será igual a dois. Essa é uma verdade matemática. Você pode desejar que um mais um seja igual a três. Pode reivindicar que um mais um seja igual a quatro se quiser. Você pode determinar que sua verdade seja que um mais um é igual a onze. Não importa o que diga, ou pense, ou rotule como verdade.

Não importa quais sejam as tendências nas redes sociais. Você pode conseguir que um mais um seja igual a doze e que isso seja postado por milhões de pessoas,

A verdade vai libertá-lo. Não a sua versão da "verdade".

mas jamais será igual a doze. Isso é só uma cortina de fumaça. Um mais um é igual a dois.

A verdade é a verdade. E para vencer as fortalezas dos vícios em sua vida, você deve se adequar à verdade que Deus declara.

Um dos motivos pelos quais os outros ficam presos por tanto tempo é porque eles estão baseando seus padrões de mentalidade em mentiras. Uma mentira enorme que contribui a isso tudo é de que você pode consertar a carne com a própria carne. Mas Paulo diz em 2Coríntios 10:3-4, a passagem que vimos anteriormente, que não lutamos segundo a carne. A carne não pode consertar a carne. É, você pode tentar administrá-la e se livrar dela por um tempo. Todavia, jamais pode consertar um problema causado pelo pecado tendo sua natureza pecaminosa como cura. O que você deve fazer é ir em primeiro lugar à verdade da Palavra de Deus. É a Palavra de Deus que liberta você. É a Palavra de Deus que rompe e traz vida. É a verdade que desvenda as mentiras que prendem sua mente em uma opressão de sofrimento que o mantém preso em seu pecado e em suas consequências.

Buscar libertar-se das fortalezas do pecado através dos seus próprios esforços da carne pode ser comparado à sua avó querer lavar as roupas em uma tábua de lavar roupas. Levaria dias para ficarem limpas e ainda assim as roupas ficariam mais desgastadas para a lavagem. Elas se desgastariam e, o tempo todo, sua avó ficaria exausta, dolorida e frustrada. Deus deu a solução para o nosso pecado por meio da purificação da salvação dada pelo seu

Filho. O sacrifício de Jesus dá-nos acesso ao poder vitorioso do Espírito que habita em nós. O Espírito capacita a discernir e a receber a verdade. O Espírito auxilia a fazer o que Jesus disse para fazermos em João 8:31, que é "permanecerem firmes na minha palavra". A palavra *permanecer* significa ficar em certo lugar, tolerar. Você deve permanecer na verdade, não só visitá-la.

> *O sacrifício de Jesus dá-nos acesso ao poder vitorioso do Espírito que habita em nós.*

Muitos de nós simplesmente visitamos a verdade. Visitamos as palavras de Cristo. Visitamos a presença do seu Espírito. Vamos à igreja ou a grupos pequenos ou lemos um versículo por dia para afastar o diabo. Mas em nenhum lugar nas Escrituras sequer menciona que visitar a verdade irá libertá-lo. Frequentemente, nos é dito para memorizar, meditar, absorver, refletir, considerar, permanecer, conhecer e continuar na Palavra. Se realmente quer ter vitória sobre o pecado e suas consequências em sua vida, deve permanecer na verdade para que seus nutrientes penetrem em sua alma. Você deve fazer o que Paulo ressaltou em Romanos capítulos 6 e 8: considerar-se morto para as mentiras e vivo para o Espírito da verdade. Está escrito:

> Da mesma forma, considerem-se mortos para o pecado, mas vivos para Deus em Cristo Jesus (Romanos 6:11).
>
> Não ofereçam os membros do corpo de vocês ao pecado, como instrumentos de injustiça; antes ofereçam-se a

Deus como quem voltou da morte para a vida; e ofereçam os membros do corpo de vocês a ele, como instrumentos de justiça (Romanos 8:13).

Quando você permitir que o Espírito domine seus pensamentos com as verdades da Palavra de Deus, ficará livre. Como disse Jesus, "E conhecerão a verdade, e a verdade os libertará" (João 8:32). A palavra "conhecer" exprime bem mais do que uma consciência cognitiva de alguma coisa. Significa ser profundamente convencido além de qualquer dúvida. Talvez você vivenciou momentos na vida em que apenas sabia de algo. O "saber que você sabe" é real. É uma verdade que ecoa nas profundezas de quem você é. É isso que significa conhecer a verdade e ser livre.

Esta frase "você saberá" aparece várias vezes nas Escrituras, tanto enraizado na palavra hebraica do Antigo Testamento *yada* quanto no grego coiné do Novo Testamento *ginosko*, como no caso de João 8:32. Dar uma olhada em algumas dessas outras passagens ajuda entender o que significa quando Jesus diz "conhecerão a verdade". Lemos: (ênfase do autor).

> Assim Moisés e Arão disseram a todos os israelitas:
>
> Ao entardecer, vocês *saberão* que foi o Senhor quem os tirou do Egito (Êxodo 16:6).
>
> Não estamos na época da colheita do trigo? Pedirei ao Senhor que envie trovões e chuva para que vocês

reconheçam que fizeram o que o SENHOR reprova totalmente, quando pediram um rei (1Samuel 12:17).

Reis serão os seus padrastos, e suas rainhas serão as suas amas de leite. Eles se inclinarão diante de você, com o rosto em terra; lamberão o pó dos seus pés. Então você saberá que eu sou o SENHOR; aqueles que esperam em mim não ficarão decepcionados (Isaías 49:23).

E saberão que eu sou o SENHOR quando o seu povo estiver estirado, morto entre os seus ídolos, ao redor dos seus altares, em todo monte alto e em todo topo de montanha, debaixo de toda árvore frondosa e de todo carvalho viçoso — em todos os lugares nos quais eles ofereciam incenso aromático a todos os seus ídolos (Ezequiel 6:13).

Eu me casarei com você com fidelidade, e você reconhecerá o SENHOR (Oseias 2:20).

Então vocês saberão que eu sou o SENHOR, o seu Deus, que habito em Sião, o meu santo monte. Jerusalém será santa; e estrangeiros jamais a conquistarão (Joel 3:17).

"Então vocês saberão que fui eu que fiz a vocês esta advertência para que a minha aliança com Levi fosse mantida", diz o SENHOR dos Exércitos (Malaquias 2:4).

Vocês os reconhecerão por seus frutos. Pode alguém colher uvas de um espinheiro ou figos de ervas daninhas? (Mateus 7:16).

O tipo de "saber" de que Jesus fala que vai libertá-lo é o saber que verdadeiramente sabe. Não é uma suposição. Não é uma esperança. Nem sequer é um teste. É aqueles momentos que você sabe de verdade porque você passou por (em muitos dos exemplos nas Escrituras acima) uma prova irrefutável.

Contanto, com a Palavra de Deus, nem sempre vamos passar pelas provas irrefutáveis diante da fé que é necessária para pôr em prática a obra da fé. É por isso que a fé na Palavra de Deus tem tanto peso e é essencial no processo de vencer qualquer comportamento vicioso. Primeiro, deve crer que a Palavra de Deus é verdadeira, depois aplicar a Palavra à sua situação como a verdade para que ela ecoe e faça sua obra libertadora em sua vida. A verdade ajuda a vencer suas fortalezas pecaminosas, mas só quando você a trata como sendo a verdade. Você deve alinhar sua mente, ações, coração e vontade sob a Palavra e governo de Deus, seja qual for a situação ou o padrão de mentalidade que esteja enfrentando, para que ela o liberte.

Você, porém, deve saber a verdade para se alinhar sob ela, é por isso que há tanta ênfase nas Escrituras em permanecer na Palavra e no próprio Cristo:

> Permaneçam em mim, e eu permanecerei em vocês (João 15:4).

> Todo aquele que não permanece no ensino de Cristo, mas vai além dele, não tem Deus; quem permanece no ensino tem o Pai e também o Filho (2João 1:9).

Portanto, assim como vocês receberam Cristo Jesus, o Senhor, continuem a viver nele (Colossenses 2:6).

Filhinhos, agora permaneçam nele para que, quando ele se manifestar, tenhamos confiança e não sejamos envergonhados diante dele na sua vinda (1João 2:28).

Se vocês permanecerem em mim, e as minhas palavras permanecerem em vocês, pedirão o que quiserem, e será concedido (João 15:7).

Há muitas outras passagens que enfatizam a importância dessa mesma questão. Você deve permanecer em Jesus e na verdade de quem Ele é e em sua Palavra para ter acesso à autoridade e ao poder que liberta do pecado. Isso exige alinhar e permanecer nele ao aceitar, memorizar e repetir o que Deus diz. Inclui verbalizar a verdade de Deus para Satanás (Mateus 4:1-11) e também para sua fortaleza (p. ex., "monte", Marcos 11:22-24) e ver sua Palavra separá-lo do seu pecado de forma lenta e segura (Hebreus 4:12). A liberdade que Cristo dá é uma libertação total da servidão. Como Ele diz em João 8:36: "Portanto, se o Filho os libertar, vocês de fato serão livres". Uma outra palavra que quero utilizar para *de fato* é *com certeza*. Você não é mais ou menos livre, você é com toda certeza livre! Assim como Jesus não ressuscitou dos mortos pela metade! Lucas 24:34 narra: "É verdade! O Senhor ressuscitou e apareceu a Simão!".

Esse é o tipo de liberdade que desejo que você tenha. E sei que é o tipo de liberdade que deseja para si mesmo, ou qualquer um que ame e também esteja preso em uma mentalidade ou comportamento vicioso. Essa liberdade e nova direção na vida não vêm pela determinação ou pelo esforço. Não, ela vem pelo permanecer e alinhar-se em Jesus e na verdade da sua Palavra. Essa é a chave para qualquer um lutar e vencer, a todo instante, toda e qualquer fortaleza viciosa.

CAPÍTULO 5

Revertendo as consequências da ansiedade

Alguns anos atrás, um homem foi para o aeroporto pegar um voo para uma viagem de negócios. Isso foi quando os aeroportos tinham máquinas que possibilitavam que as pessoas comprassem seguro de viagem. Esse homem não tinha medo de voar, e ele não estava apreensivo com a viagem. Mas ele viu a máquina e pensou "Por que não?". Para ele parecia ser um investimento sábio. Então ele inseriu seu cartão do banco e pagou 10 dólares para ter os 200 mil dólares em uma apólice de seguro de viagem.

Enquanto estava esperando seu voo para embarcar, o homem comeu em um restaurante chinês no aeroporto. Após sua refeição, ele pegou seu biscoitinho da sorte, quebrou-o, abriu-o e leu. Seu rosto ficou pálido de susto quando leu: "Seu investimento recente pagará altos dividendos em breve!". Esse homem, que jamais havia sentido medo em voar, sentiu agora uma ansiedade além do normal por causa da viagem.

É impressionante como nossas emoções podem mudar rapidamente. O novo relatório do médico, um envelope dentro da caixa dos correios com as palavras "Intimação judicial" escritas nele, ou uma palavra ríspida do nosso patrão pode mudar nossas emoções tão rapidamente quanto a lâmina de um liquidificador. Isso acontece porque, geralmente, nossas emoções são reativas. As emoções reagem. Elas criam um jogo de influência, deixando-nos com quase nenhuma estabilidade. Preocupação, medo, ansiedade, horror — chame do que quiser, eles atormentam a maioria das pessoas hoje porque essa maioria ainda não aprendeu uma verdade muito importante, uma verdade que vai libertá-las: as emoções são irracionais.

Você não tem de ser controlado pelas suas emoções. Se você entrou na montanha russa emocional da vida, pode escolher hoje sair dela. Não precisa se preocupar. Não precisa ficar ansioso. Você pode parar. Eu não ligo para o que o está provocando, irritando ou exasperando — a Palavra de Deus lhe dá o poder de sair disso. Pode desembarcar do passeio louco de preocupação, cheio de medo e simplesmente ir para outra direção. Você decide seu nível de ansiedade e apreensão.

Agora, por favor, não presuma que estou suavizando as lutas da vida. Não estou. Eu mesmo já passei por um desafio há vários anos onde parecia que a vida estava deferindo golpes diretamente em meu coração. Uma coisa após a outra se apresenta como uma apreensão. O inimigo parece estar fazendo *strikes* perfeitos. Mas o que quero compartilhar com você neste capítulo é que há uma grande diferença entre preocupação e ansiedade. A apreensão não faz você perder o sono à noite. A apreensão não o leva para os túneis sombrios de situações "E se...?". A apreensão gera a oportunidade de buscar uma solução enquanto a ansiedade busca apenas devorá-lo vivo. Não estou dizendo para desprezar as lutas ou os problemas em sua vida. As questões precisam ser tratadas. As decisões devem ser tomadas. E a apreensão leva-o para a direção que você deve ir. Mas o que estou dizendo é que, como um crente em Jesus Cristo, a ansiedade jamais pode tomar conta de você. A preocupação não deve ditar o ritmo do seu dia. Você jamais deve ceder ao medo.

Um tempo atrás minha filha Priscilla encarou uma cirurgia complexa por causa de algumas irregularidades que os médicos haviam encontrado em seu pulmão esquerdo. A cirurgia tinha sido adiada durante a corajosa batalha da minha finada esposa contra o câncer para que Priscilla pudesse dar atenção para sua mãe e nossa família naquele período de carência. Mas logo após o falecimento de sua mãe, Priscilla sabia que tinha de fazer a cirurgia. Ela compartilhou estas palavras encorajadoras com seus seguidores nas redes sociais, enfatizando os princípios espirituais que vamos explorar juntos neste capítulo.

Obrigada por orarem por mim e por toda a nossa família. Recusamo-nos a ceder ao medo, à ansiedade ou a um declínio na fé... Porque, bem... Ninguém tem tempo para isso! Apesar de tudo, ainda cremos em Deus. Estamos confiando nele para um resultado favorável e que voltarei a ter minha saúde completa e voltar a todas as funções em meu ministério.

As palavras sinceras de Priscilla expressaram as verdades que encontramos em Mateus capítulo 6, onde Jesus oferece a todos nós a cura para a ansiedade. Ele diz três vezes para não nos preocuparmos nestas passagens:

> Portanto eu digo: Não se preocupem com sua própria vida (v. 25).
>
> Portanto, não se preocupem (v. 31).
>
> Portanto, não se preocupem com o amanhã (v. 34).

Jesus ordena três vezes que não nos preocupemos. E quando Jesus nos diz para não fazermos algo, mas escolhemos fazê-lo a todo custo, isso é chamado de pecado. Sim, preocupar-se é pecar. Percebo que muita gente não vê a preocupação ou a ansiedade como pecados. Pelo contrário, muita gente vê com naturalidade. Vê como algo legítimo, dadas as circunstâncias da vida. Mesmo assim, Jesus não podia ser mais claro sobre jamais nos preocuparmos. Jamais devemos permitir a apreensão de uma situação progredir para uma ansiedade que nos domina. A vida traz apreensões, e precisamos abordá-las ou surgirmos com um plano para vencê-las, ou levá-las a Deus em oração. A preocupação, porém, é quando a apreensão controla você. É quando ela não o deixa dormir, ou domina seu humor. Quando a apreensão se desenvolve em um fator controlador em seus pensamentos e emoções, já virou preocupação. A preocupação é a apreensão desenfreada. Já virou pecado.

Agora, antes de irmos mais a fundo, quero esclarecer aqui sobre aqueles indivíduos que sofrem de um desequilíbrio químico de tal forma que sua realidade física e química produz ansiedade. Há situações onde as emoções de uma pessoa podem estar fora de seu controle imediato por causa das realidades psicológicas em que é necessário entrar com medicação para tratar o desequilíbrio. Não é desse tipo de ansiedade que falo neste capítulo. O que estou abordando aqui e o que a Palavra de Deus está falando nessa passagem é sobre os momentos em que as circunstâncias da vida controlam suas emoções. Ou quando o medo de uma circunstância em potencial dita como você se sente consigo mesmo, onde escolhe estar, o quanto o seu desempenho é bom ou sequer se você tem um desempenho. Ela lhe diz se você consegue acordar de manhã ou se deve pegar no sono cedo. É quando o medo domina você. Jesus dá o antídoto para o medo que nos domina. Ele o dá expressando seu mandamento de não nos preocuparmos por nenhum motivo. No início da seção sobre preocupação, Ele começa com estas palavras: "Portanto eu digo: Não se preocupem com sua própria vida" (Mateus 6:25). Para entender a razão pela qual não devemos nos preocupar, precisamos voltar um pouquinho no que Ele disse antes. Lemos nos versículos anteriores, 22-24, nos quais Ele diz:

> Os olhos são a candeia do corpo. Se os seus olhos forem bons, todo o seu corpo será cheio de luz. Mas, se os seus olhos forem maus, todo o seu corpo será cheio de

trevas. Portanto, se a luz que está dentro de você são trevas, que tremendas trevas são! Ninguém pode servir a dois senhores; pois odiará um e amará o outro, ou se dedicará a um e desprezará o outro. Vocês não podem servir a Deus e ao Dinheiro.

Um dos maiores gatilhos da preocupação em nossa vida tem a ver com os recursos. Jesus usa o tópico da riqueza para enfatizar seu ponto de vista em como chegamos à raiz da preocupação. Ele diz que se você quer superar a preocupação, tem de se livrar de um de seus mestres. A preocupação vai encontrá-lo se você tem mais de um mestre. Se você tem Deus como Senhor por um lado, mas algo está governando sua vida por outro, você será divido em dois. Você será puxado em duas direções diferentes, assim como vimos no capítulo anterior. Essa falta de estabilidade vai gerar uma consequência constante de preocupação e de instabilidade que a acompanha.

Um dos motivos de muitos de nós ficarmos ansiosos é porque estamos divididos entre dois mestres. A divisão espiritual reforça uma atmosfera de estresse e preocupação. Deixe-me explicar de outra maneira. Quanto mais espiritual sua mente se torna, menos preocupações terrenas você terá. Um meio de explicar isso é com uma xícara vazia. Se você fosse pegar uma

> *Quanto mais espiritual sua mente se torna, menos preocupações terrenas você terá.*

xícara vazia, na verdade ela ainda estaria cheia. Estaria cheia de ar. Agora, seja lá o que você fez com a xícara, o ar estará lá dentro. Você pode virar a xícara de cabeça para baixo e sacudi-la, mas o ar ainda preenche o espaço lá dentro. O único jeito de remover o ar da xícara é enchê-la de água. Quando você enche a xícara de água, o ar é removido automaticamente.

Essa ilustração pode ser transferida também para a vida espiritual. Quanto mais de Deus você se preencher, mais aquela preocupação tem de deixar o ambiente. É só quando você fica dividido entre dois senhores que escolhe alternar entre o antídoto da preocupação e a preocupação em si. Quando Deus invade o espaço das suas emoções, a preocupação tem de sair. Por quê? Porque conhecer a Deus é conhecer sua natureza, providência, prioridades, poder e amor. A presença de Deus não dá espaço para o medo. Na verdade, as Escrituras relatam: "No amor não há medo; ao contrário, o perfeito amor expulsa o medo" (1João 4:18).

Jesus buscou explicar esse conceito e o caminho a seguir em nossa jornada rumo à liberdade da ansiedade quando Ele usou o exemplo da natureza. Ao seguir seu mandamento de não nos preocuparmos, Ele direcionou seus ouvintes para olhar para as aves. Ele explicou para eles e para nós que as aves não semeiam, nem colhem, nem

A presença de Deus não dá espaço para o medo. Na verdade, as Escrituras relatam: "No amor não há medo; ao contrário, o perfeito amor expulsa o medo" (1João 4:18).

juntam seu alimento para comer mais tarde. "Observem as aves do céu: não semeiam nem colhem nem armazenam em celeiros; contudo, o Pai celestial as alimenta." (Mateus 6:26a). As aves não possuem fundos mútuos, investimentos, ou poupanças — e também não sofrem de estresse. Todas as manhãs elas acordam cantando. Todas as manhãs elas acordam voando. Todas as manhãs elas acordam sabendo que o alimento está lá para comer.

Quantos de nós acordamos cantando? Infelizmente, não muitos. Muitos acordam reclamando, suspirando e indo direto para o bule de café. Na verdade, muitíssimos de nós enfrentamos pensamentos de apreensão que geram preocupação antes mesmos de nossos pés tocarem o chão. Talvez seja um ensaio das questões do dia anterior ou um medo do que pode acontecer naquele dia. Seja qual for o caso, poucos de nós acordamos livres como uma ave. E ainda devíamos acordar assim. Jesus nos lembrou do nosso valor quando Ele disse: "Não têm vocês muito mais valor do que elas?" (v. 26b).

Jesus continuou em seu esforço para extrair nossa preocupação ao nos lembrar do que a preocupação pode realmente causar. Na verdade, ela não faz nada. Está escrito:

> Quem de vocês, por mais que se preocupe, pode acrescentar uma hora que seja à sua vida? Por que vocês se preocupam com roupas? Vejam como crescem os lírios do campo. Eles não trabalham nem tecem. Contudo, eu digo que nem Salomão, em todo o seu esplendor, vestiu-se como um deles. Se Deus veste assim a erva

do campo, que hoje existe e amanhã é lançada ao fogo, não vestirá muito mais a vocês, homens de pequena fé? (v. 27-30).

Mesmo com todos os bilhões de dólares de Salomão (na quantia de hoje) ele não podia se vestir com todo o esplendor como os lírios do campo. Lembre-se de que os lírios do campo não saem de uma máquina de costura para serem tão lindos como são. Jesus utiliza uma comparação extrema para nos lembrar de que não precisamos nos preocupar. Se Deus ordena as flores e veste a grama, Ele também cuidará de nós. Ele também se importa com você.

A ideia que habita o centro de nossa preocupação e ansiedade, as consequências emocionais e físicas que a acompanham, é que nós realmente não sabemos com quem estamos lidando. No fundo, não entendemos a natureza de Deus nem a profundidade de seu amor. Perdemos nossa admiração por Deus. Pensamos nele como "o cara lá de cima". E assim, devido à nossa visão de Deus ser tão pequena, encontramo-nos propensos à preocupação e à ansiedade.

Você sabia que Deus sabe quantos fios de cabelo temos em nossa cabeça? Jesus nos diz em Lucas 12:7: "Até os cabelos da cabeça de vocês estão todos contados. Não tenham medo; vocês valem mais do que muitos pardais!". Quanto mais envelhece, geralmente menos cabelo você tem — mas você ainda tem cabelo. Em média, há mais de 100 mil fios de cabelo na cabeça de um ser humano. Isso varia de pessoa para pessoa, mas é uma média aproximada. Agora, multiplique esses 100 mil de fios por 7 bilhões de pessoas no planeta. Você atingiu um número além de um *octilhão*. São tantos números que nem você ou eu sequer poderíamos contar em nossa vida toda. Entretanto, a Bíblia relata que Deus conhece cada fio de cabelo na cabeça de cada um.

Ele sabe quais deles caíram ou ficaram presos no pente. Ele sabe dos fios novos que estão nascendo. Se você está duvidando do amor de Deus por você ou de seu poder sobre tudo o que está enfrentando, apenas olhe para o seu cabelo. Ou olhe para o cabelo de alguém. Deus não só conhece cada fio de cabelo de cada um na Terra, mas Ele também conhece cada fio de cabelo de cada um que já viveu e viverá. Agora, quando começamos a entender essa realidade, seja o que for que o mantenha ansioso tem de parecer ser bem menor do que antes. O onisciente e onipotente Deus que tudo sabe pode tomar conta de qualquer coisa que o preocupa.

Quando alguém é dominado pela ansiedade, precisa tirar os olhos do problema e colocá-lo nas mãos do Deus todo-poderoso que ama cada um de nós. Isaías 26:3 diz: "Tu, Versal guardarás em perfeita paz aquele cujo propósito está firme, porque em ti confia". Como viver em um estado mental de paz contínua? Mantendo sua mente em Deus. Você confia nele. Você entende que Ele é maior e mais poderoso do que você consegue compreender. E, sendo assim, Ele merece a sua fé. Ele merece a sua confiança. E quando você coloca sua fé e confiança nele, não há mais espaço para a preocupação.

Jesus nos disse que, em vez de termos ansiedade e preocupação, devemos ter esperança, coragem e bom ânimo. Lemos: "Eu disse essas coisas para que em mim vocês tenham paz. Neste mundo vocês terão aflições; contudo, tenham ânimo! Eu venci o mundo" (João 16:33). Jesus disse para "ter ânimo". Outras traduções expressam como ter coragem ou se animarem. Seja qual for o caso, não inclui ansiedade, medo, horror ou preocupação.

Agora, tenha em mente, Jesus não disse que tudo vai dar supercerto e que você jamais terá problemas. Não, pelo contrário, Ele disse que no mundo teríamos aflições. Haverá provações, dificuldades e desafios. Mas Jesus nos lembra de que, em meio a tudo, temos de ter bom ânimo. Por quê? Porque Ele venceu os problemas. No fim, Ele já havia vencido. E quando você se alinha sob o Senhor Jesus Cristo vivo, você também vence.

Da próxima vez que for tentado a se preocupar, quero que veja como uma oportunidade para Deus permitir que veja o quanto Ele é realmente grande. Paulo descreve dessa maneira em 2Coríntios capítulo 1:

> Irmãos, não queremos que vocês desconheçam as tribulações que sofremos na província da Ásia, as quais foram muito além da nossa capacidade de suportar, a ponto de perdermos a esperança da própria vida. De fato, já tínhamos sobre nós a sentença de morte, para que não confiássemos em nós mesmos, mas em Deus, que ressuscita os mortos. Ele nos livrou e continuará

nos livrando de tal perigo de morte. Nele temos depositado a nossa esperança de que continuará a livrar-nos (v. 8-10).

Paulo disse que Deus permitiu-os chegar ao ponto onde "perderam a esperança da própria vida" para que pudessem testemunhar o "Deus que ressuscita os mortos". Ele percebeu que Deus permitiu que as coisas se tornassem progressivamente difíceis para eles porque Ele tinha um propósito maior em mãos. Havia uma lição mais importante para eles aprenderem. Nessa lição, descobriram que Deus os havia "libertado" e que Ele "vai libertá-los". Eles souberam o que é a verdadeira paz e alegria porque tiveram um vislumbre do quanto é grande o Deus que eles verdadeiramente servem.

Eu fui criado em Baltimore, e, quando eu estava crescendo, não tínhamos absolutamente nenhum dinheiro. Meu pai era um estivador no cais. Seu trabalho era de acordo com as temporadas, então havia meses em que vivíamos do que ele pudesse ganhar fazendo bicos. Apesar da falta de uma renda regular, não consigo me lembrar de um único dia em que alguma vez me preocupei se haveria comida na mesa. Meu pai tinha de sair e ele mesmo pegar o peixe (o que ele sempre fazia!), e assim haveria comida na mesa. Meu pai teria ficado ofendido se eu tivesse ido até ele e perguntado se íamos comer naquele dia. Ele teria ficado extremamente ofendido com a ideia de que eu não confiava em sua provisão. Quando nos preocupamos, esquecemo-nos quem é o nosso Pai e como Ele é.

Você consegue imaginar o quanto Deus deve ficar ofendido quando questionamos sua capacidade, habilidade e intenção de suprir nossas necessidades? Agora, não estou falando de dar-lhe cada desejo seu. Mas quando se trata das suas necessidades, Ele proverá. Jeremias 17:7-8 diz que Ele pode prover até quando parece que não há um meio possível do Senhor prover. Lemos:

> Mas bendito é o homem cuja confiança está no Senhor, cuja confiança nele está. Ele será como uma árvore plantada junto às águas e que estende as suas raízes para o ribeiro. Ela não temerá quando chegar o calor, porque as suas folhas estão sempre verdes; não ficará ansiosa no ano da seca nem deixará de dar fruto.

Você compreendeu essa frase? Ela diz "não ficará ansiosa". Sem ansiedade. Sem preocupação. Sem mais dramas. Mesmo em uma seca. Porque Deus pode fazer os frutos renderem quando Ele desejar. Ele não está preso às leis da física como nós estamos. Ele não precisa de água para fazer uma folha ficar verde. A ciência não tem a última palavra porque Deus está acima de todas as coisas. Então, da próxima vez que começar a se preocupar ou ficar ansioso a respeito de um assunto, pergunte-se se você realmente ponderou quem governa em seu mundo, afinal. A verdade do cuidado, do amor e do poder de Deus tem de acalmar seu coração. Deus sabe como organizar, reorganizar, mudar, ajustar, ativar e renovar as coisas. Ele sabe como fazer de maneiras que não conseguimos compreender. Uma vez que você percebe que Ele está no controle daquilo que parece estar fora de controle, você pode descansar.

Um dia, um homem estava correndo para pegar seu voo. Ele tinha uma mala pesada em uma mão e um pasta cheia na outra. Apesar da carga, ele correu o mais rápido que pôde — ziguezagueando entre as pessoas — para tentar chegar ao avião. Enquanto ele corria até o portão, um homem em um uniforme o parou. Ele lhe perguntou o porquê estava indo tão rápido. O homem respondeu que não queria perder seu voo. Então o homem de uniforme perguntou qual voo ele ia pegar. Quando ele falou sobre o voo, o homem apenas sorriu. Daí disse: "Você pode se acalmar e andar devagar. Sou o piloto daquele voo e ele não vai a lugar nenhum sem mim".

Muitos de nós correm descontrolados pela vida. Corremos para consertar isso ou aquilo. Temos uma emergência atrás da outra roubando nossa energia e drenando nossa alegria e deixando-nos frustrados, ofendidos e irritados. Todas elas são consequências da preocupação para a qual precisamos de uma reversão. Entretanto, se apenas percebêssemos que Deus está acima de tudo e tem tudo sob controle, poderíamos descansar a cabeça. Poderíamos relaxar. Poderíamos ficar em paz.

A ansiedade realmente não é sobre o que você pode pensar que é. Bem lá no fundo, a ansiedade tem a ver com o nível da sua fé em Deus. O quanto você confia nele? A resposta para essa pergunta geralmente revela o nível da sua ansiedade e quantas rugas há na sua testa.

A cura para a ansiedade pode ser encontrada em Mateus 6:33-34, onde Jesus revela o segredo de viver uma vida livre de preocupação. Ele diz:

> Busquem, pois, em primeiro lugar o Reino de Deus e a sua justiça, e todas essas coisas serão acrescentadas a vocês. Portanto, não se preocupem com o amanhã, pois o amanhã trará as suas próprias preocupações. Basta a cada dia o seu próprio mal.

Devemos em primeiro lugar buscar o reino de Deus e sua justiça. E não devemos nos preocupar com o amanhã. Esteja presente no hoje enquanto busca a Deus.

Parece muitíssimo simples, não é mesmo? Talvez seja por isso que tão poucos colocam isso em prática. Sempre evitamos o que é simples, não? Com certeza deve haver algo a mais do que só isso. Não foi isso que Naamã pensou quando lhe foi dito para mergulhar no rio Jordão sete vezes para ficar curado da lepra (2Reis 5)? Apesar disso, Naamã fez o que parecia ser muito simples e, como vamos descobrir no capítulo seguinte, ele teve um grande retorno de seu investimento de fé.

Mateus 22:37-40 resume o que você e eu precisamos ser a cada dia. Se apenas focarmos nossa energia mental e emocional em cumprir os mandamentos que Jesus dá nesta passagem, não haverá espaço para a preocupação ou para a ansiedade sequer existir. Jesus disse:

"Ame o Senhor, o seu Deus de todo o seu coração, de toda a sua alma e de todo o seu entendimento". Este é o primeiro e maior mandamento. E o segundo é semelhante a ele: "Ame o seu próximo como a si mesmo." Destes dois mandamentos dependem toda a Lei e os Profetas.

Coloque Deus em primeiro lugar. Coloque os outros em segundo. Quando você priorizar amar a Deus e o seu próximo, a preocupação não terá mais precedência em sua mente. Não haverá espaço para ambos. A primazia, a prioridade e o poder do governo de Deus sobre os seus pensamentos, palavras e ações vão manter a ansiedade sob controle.

Fique disponível. Fique focado. Fique em paz. Deus jamais promete dar-lhe a força de amanhã hoje. Ele promete dar o que precisa no momento exato. Muitos se encontram crucificados entre dois ladrões: o ontem e o amanhã. Eles ficam perturbados pelos problemas do passado ou perturbados pelas preocupações do futuro. O Senhor, porém, diz para permanecer com Ele neste momento. Um dia de cada vez. Afinal de contas, hoje é apenas o amanhã com o qual você se preocupou ontem. Deixe rolar! Lamentações 3:22-24 encoraja-nos a agir assim. Deus é a nossa porção, e Ele é o suficiente. Lemos:

> Graças ao grande amor do Senhor é que não somos consumidos, pois as suas misericórdias são inesgotáveis. **Renovam-se cada manhã; grande é a sua fidelidade!**

Digo a mim mesmo: A minha porção é o SENHOR; portanto, nele porei a minha esperança.

Deus não vai lhe dar hoje o que você precisa amanhã. Quando chegar o amanhã, então Deus dará o que você precisa. Você tem de viver o hoje.

Muitas pessoas hoje se perdem nos altares do ontem e do amanhã. Elas sacrificam a paz, o descanso, a alegria e muito mais em nome daquilo que poder vir a ser. Toda vez que se sentir tentado a se preocupar com algo no futuro, peço que ore. Volte sua atenção para onde você está agora, ore e entregue o amanhã nas mãos de Deus. Isso não é só o meu conselho para você. É o de Paulo. Ele diz:

> Não andem ansiosos por coisa alguma, mas em tudo, pela oração e súplicas, e com ação de graças, apresentem seus pedidos a Deus. E a paz de Deus, que excede todo o entendimento, guardará o coração e a mente de vocês em Cristo Jesus (Filipenses 4:17).

A respeito do que Paulo disse que você e eu poderíamos andar ansiosos? Algumas coisas? Poucas coisas? Não, ele disse para não andarmos ansiosos por *coisa alguma*. Da última vez que verifiquei, coisa alguma ainda quer dizer coisa alguma. Dessa forma, toda vez que a preocupação ou a ansiedade tentá-lo a abrir mão do que mais importa — sua liberdade de amar a Deus e o próximo no momento presente por meio de um coração cheio de paz —, leve essa preocupação para Deus imediatamente em oração. Descanse com um espírito de gratidão porque você sabe que Deus é grande o suficiente para lidar com qualquer situação que levar para Ele. Então deixe que "a paz de Deus, que excede todo o entendimento, guardará o coração e a mente de vocês em Cristo Jesus".

O salmista também diz isso, porém de um modo diferente. Ele escreveu: "Entregue suas preocupações ao Senhor, e ele o susterá; jamais permitirá que o justo venha a cair" (Salmos 55:22). Entregue seu cuidado para o próprio Deus, e Ele o encontrará em qualquer lugar com sua paz. Ele promete. Você pode encontrá-lo em sua Palavra.

Na verdade, eu ia encorajá-lo a fazer isso agora. Memorize esses versículos e torne-os um hábito ao obedecê-los. Daí, veja a preocupação diminuir e desaparecer junto das várias consequências negativas. Deus é capaz de fazer tudo que você poderia precisar e muito mais. Você, no entanto, tem de reconhecer isso. Tem de compreender. Precisa colocar Deus no lugar legítimo em seu coração e no trono das suas emoções. Quando você fizer isso, verá o céu visitar a história, a eternidade visitar a terra e a paz substituir o pânico quando Deus lhe der sua reversão emocional. Você testemunhará Deus visitá-lo de forma tão profunda que será capaz de colocar a preocupação de lado e substituí-la por louvores e ações de graça.

CAPÍTULO 6

Revertendo as consequências emocionais

As emoções representam para a alma o que os sentidos representam para o corpo. Elas revelam o modo como nos sentimos com as circunstâncias da vida. Quem tomou a direção errada em suas emoções e se viu preso em uma rotina geralmente sabe disso. Quando acordam de manhã, eles não dizem "Bom dia, Senhor". Em vez disso, dizem "Meu Deus, já é de manhã". Eles lutam para sobreviver e podem se sentir impotentes, desesperançados e inúteis.

Uma fortaleza emocional não significa que você tem um dia ruim de vez em quando. Significa que você não consegue se livrar da armadilha negativa que tomou conta da sua vida, resultando em um desânimo descontrolado, depressão e tristeza.

Como vimos quando olhamos para o assunto da ansiedade e preocupação, enquanto algumas fortalezas emocionais estão ligadas a uma causa psicológica — um desequilíbrio químico ou alguma forma de necessidade física —, a maioria das fortalezas não é psicológica em sua natureza. Pelo contrário, elas vêm do pecado — do seu ou do de outra pessoa. Talvez você lute emocionalmente com a culpa, coma vergonha ou se arrependa das escolhas erradas que tenha feito no passado. Ou talvez você tenha sido abusado, traído e desprezado emocional, física ou sexualmente. Não foi o seu pecado que criou a fortaleza que pode estar enfrentando agora — mas ainda assim foi o pecado que a trouxe.

De vez em quando, as fortalezas emocionais até emergem de uma atmosfera de pecado. É quando o pecado encobre a atmosfera ao nosso redor e seus resultados nos afetam, quer nos comprometemos com o pecado, quer não (ganância, irresponsabilidade social, injustiça, racismo etc.). É semelhante ao conceito do fumo passivo e ao câncer de pulmão. Você pode não ter fumado os cigarros, mas se cresceu em um lar que era infestado pela sua fumaça, os estudos mostram que você tem um alto potencial de contrair câncer de pulmão. Isso também se aplica ao pecado. Um ambiente cheio de pecado leva a uma predisposição de fortalezas emocionais.

Em vez de fazer o que muitos fazem (que é tentar negar ou suprimir as fortalezas emocionais por meio de remédios, entretenimento, sexo ou compras), quero ajudá-lo a descobrir a raiz por detrás do que você está vivendo para que consiga vencer.

A verdade é que Deus não criou você para carregar fortalezas emocionais por cinco, vinte, ou quarenta anos, ou por tanto tempo.

Pelo contrário, Deus lhe prometeu uma vida plena em Cristo. "Eu vim para que tenham vida e a tenham plenamente"

(João 10:10b). Ele não o chamou para viver cada dia derrotado. Ele quer que você saiba e confie que Ele é aquele que está no controle de todas as coisas e que está guardando totalmente a sua vida.

Se não está vivendo a vida plena que Cristo dá de graça é hora de reverter o seu caminho. Volte-se para Deus e peça que Ele revele as áreas em que está faltando confiança e aquela fortaleza emocional que pode ter se instalado. Ele quer ajudá-lo a aprender como ver além da sua tristeza — a ver sua vida do ponto de vista dele.

Do lugar onde você está, a vida pode parecer deplorável. Mas de onde Deus está assentado, está tudo bem. Uma maneira de vencer as fortalezas emocionais é abrir mão da necessidade de entender tudo neste exato momento e confiar que Deus pode fazer um milagre do que parece ser uma bagunça.

Deixe-me lembrá-lo de novo a respeito de algo que é muito essencial: as emoções são irracionais. Elas não pensam. Simplesmente reagem. As emoções precisam tomar emprestado os pensamentos para estimular os sentimentos. Então, o que ou quem controla seus pensamentos também controla como você se sente. Por exemplo, se você viesse em casa para jantar e trouxesse com você um peso emocional de preocupação e estresse porque suas contas estão acumuladas, foi afastado do trabalho e não vê saída do seu caos financeiro, suas emoções estariam reagindo aos seus pensamentos a respeito de sua situação.

Todavia, se eu lhe entregasse uma quantia de 500 mil dólares e lhe dissesse que isso não era um empréstimo, mas sim um presente que Deus havia me dito para lhe dar, bem, vamos dizer que suas emoções mudariam totalmente. Isso acontece porque suas emoções são estabelecidas e governadas pelos seus pensamentos.

Para controlar suas emoções e vencer as fortalezas emocionais em sua vida, precisa controlar seus pensamentos. Quando você alinhar seus pensamentos com a verdade de Deus, você será livre.

Viver sob o fardo da fortaleza emocional reflete uma má compreensão da sua identidade em Cristo. Além disso, viver a vida preso pelas fortalezas emocionais é viver uma vida de pecado. Preocupação, medo, dúvida, ódio, ira... Tudo isso e bem mais são pecados porque eles não conseguem se alinhar com a verdade de Deus. Eles não conseguem posicionar você no lugar onde você é livre para obedecer aos dois maiores mandamentos que foram dados — amar a Deus e amar o próximo. O apóstolo Paulo fala desse conceito de nossa identidade em Cristo ser ligada a como vivemos quando ele escreveu:

> Que diremos então? Continuaremos pecando para que a graça aumente? De maneira nenhuma! Nós, os que morremos para o pecado, como podemos continuar vivendo nele? Ou vocês não sabem que todos nós, que fomos batizados em Cristo Jesus, fomos batizados em sua morte? Portanto, fomos sepultados com ele na

morte por meio do batismo, a fim de que, assim como Cristo foi ressuscitado dos mortos mediante a glória do Pai, também nós vivamos uma vida nova (Romanos 6:1-4).

Dê uma olhada no espelho. A pessoa que você vê foi "cocrucificada", "coenterrada" e "corressurreta" com Cristo. Aos olhos de Deus, quando Jesus morreu há dois mil anos, você também morreu. Quando ele foi sepultado, você foi colocado junto dele no túmulo. Quando Ele ressuscitou, você também ressuscitou. Ainda que você possa ter recebido a Cristo há pouco tempo, Deus tomou o que aconteceu com Jesus há dois mil anos e fez isso ser parte da sua realidade espiritual.

Como essa identificação funciona? O processo me faz lembrar dos cabos de conexão que tenho em meu carro. Um lado se conecta à bateria energizada, o outro, à bateria descarregada. Uma vez que as conexões estão completas, o carro com a bateria descarregada pode dar a partida porque a energia da bateria cheia fluiu através dos cabos. A bateria descarregada, sem nenhum esforço, torna-se "viva" de novo.

De volta ao primeiro século, a bateria boa morreu, depois voltou à vida com todo o poder necessário para dar a partida naqueles que estavam mortos no pecado. O cabo do Espírito Santo conecta sua alma morta com a vitória de Jesus na cruz. Resultado: o seu espírito "sente a ignição" e você é ressurreto para caminhar em novidade de vida. Por causa dessa realidade, você não pode me dizer que não consegue vencer suas fortalezas emocionais. Sei que consegue porque sei quem você é em Cristo. Sim, Satanás é mestre em colocar pensamentos em sua mente e fazê-lo pensar que são seus, como vimos em nosso capítulo sobre ansiedade e preocupação. Eu sei. Talvez você o ouça dizendo algo do tipo "Não consigo vencer a baixa autoestima e a armadilha da comparação. Não consigo ser livre dessa escravidão emocional. Não consigo resistir a esses velhos hábitos de ficar deprimido". Ele pode lhe dizer essas coisas, ou você pode dizer para si mesmo; mas para vencê-las, você tem de parar de acreditar nessas mentiras. Todas essas frases podem ter sido reais quando seu *velho* eu estava vivo, mas aquela pessoa morreu na cruz com Cristo. Você é uma criatura completamente nova (2Coríntios 5:17).

Pense nos eletrodomésticos da sua casa. A torradeira torra, o abridor de latas abre, a geladeira gela e o micro-ondas aquece. Cada um possui uma forma e função diferentes, mas todos extraem a força da mesma fonte.

Temos de fazer o mesmo. Todos que pertencem a Cristo estão ligados à mesma fonte de poder ilimitado, mesmo que pareçamos e ajamos de maneira diferente. O poder que capacitou outra pessoa a vencer a fortaleza dela é o mesmo poder disponível para você.

Cristo está comprometido em libertar as pessoas — e Ele começa com seu reconhecimento da verdade de que sua nova vida nele vai capacitá-lo a vencer quaisquer mentiras que o inimigo lançou sobre você ao longo dos anos. Pelo Espírito

Santo, você tem o poder de vencer seja o que for que esteja o aprisionando.

Handley Page foi um grande pioneiro no mundo da aviação. Ele inventou vários aviões e sua empresa contribuiu para o desenvolvimento da aviação de muitas formas. Contudo, um dia, há muitas décadas, enquanto ele se preparava para voar em um de seus melhores aviões pelos desertos áridos do Oriente Médio, um rato bem grande enfiou-se dentro do compartimento de carga atrás da cabine antes da decolagem, atraído pelo cheiro da comida.

Enquanto sobrevoava por mil metros de altitude, Page ouviu o som repugnante do chiar em seu pequeno avião. Percebendo que ele não estava sozinho, seu coração disparou. As linhas hidráulicas e os cabos de controle percorrem toda a área de carga. Uma mordida em um lugar errado poderia desativar a aeronave e enviá-lo para a morte. Não existia piloto automático naquela época, então, estando sozinho, Page não podia abandonar os controles para lidar com seu convidado indesejado.

É claro que ele podia pousar, mas daquela altitude, não haveria tempo para ele descer em segurança antes de um desastre acontecer. Além disso, aterrissar nas areias do deserto era arriscado e suas chances de decolar novamente eram ainda mais remotas.

Foi quando Page se lembrou de uma informação que uma vez considerou mera trivialidade: os ratos precisam de mais oxigênio para sobreviver do que os humanos. E o oxigênio diminui à medida que aumenta a altitude. Page puxou a alavanca, fazendo o avião subir mais alto no céu. Em poucos minutos, o som do chiar desapareceu. Seguro em terra poucas horas depois, Page encontrou o rato morto estirado atrás da cabine.

Quer saber algo muito importante? Satanás não suporta a verdade de Deus. As mentiras de Satanás e suas trevas se dissolverão na luz da presença de Deus. Suba mais alto e voe no céu à medida que você reorienta sua mentalidade com a perspectiva de Deus (Efésios 2:6). Claro, o ar pode estar um pouco rarefeito se você não estiver acostumado a ir lá, mas vá de qualquer maneira, porque o Espírito vai mantê-lo em alerta enquanto você se ajusta.

Continue subindo na mentalidade de Deus e em sua perspectiva até Ele lhe dar a vitória onde você pensava não ser possível alcançá-la. Continue subindo ao repetir a verdade várias vezes até que aquele rato chamado Satanás e as fortalezas emocionais que ele pendura no seu pescoço caiam por terra e morram sem ar. Quando elas caírem, você vai respirar livremente.

Uma das maiores fortalezas emocionais com a qual os indivíduos lidam atualmente é conhecida como codependência. Existem outros termos que ampliam essa fortaleza além de um simples relacionamento — esses termos são agradar as pessoas e vícios em redes sociais. Vamos dar uma olhada na codependência.

Já se perguntou quem ou o que você não poderia viver sem? Muitos fariam uma lista de itens materiais. Outros diriam imediatamente que não viveriam de jeito nenhum sem seus cônjuges. Mas um outro grupo pensaria nas amizades que fizeram e como elas são queridas.

Tudo isso certamente são bênçãos dadas por Deus. Acredito, no entanto, que confundimos nossos valores ao colocarmos um senso maior de valor nas coisas e nas pessoas em vez de em Deus. Basicamente, amamos mais as bênçãos do que o Abençoador, e nos tornamos codependentes das coisas que Deus nos deu.

A codependência é um mecanismo de defesa (uma forma de fortaleza emocional) que capacita uma pessoa a lidar — embora erroneamente — com a falta que ele ou ela sente. Talvez exista uma falta de amor-próprio ou de autoestima, ou fortes sentimentos de rejeição. Independentemente disso, a codependência em geral usa uma pessoa ou várias para consertar o que está quebrado. Chamo isso de fortaleza popular.

Deus é o único que tem o poder e a habilidade de suprir nossas necessidades. O problema surge quando insistimos em nos voltarmos às pessoas antes de nos voltarmos a Deus. Ao longo de sua Palavra lemos como Deus usa as pessoas na vida dos outros. Contudo jamais lemos que Deus fica feliz quando permitimos que as pessoas ou as coisas tomem o lugar dele. De fato, é verdade o oposto; criamos um ídolo emocional. Até um vício em redes sociais pode entrar na categoria de idolatria emocional.

Se é ali que você olha para obter seu amor-próprio e valor, mais do que no próprio Deus, isso se transformou em um ídolo. Da mesma forma, se você permitir que os outros ou as redes sociais o deixem deprimido ao lhe dar uma definição falsa de quem você é, isso também é uma forma de idolatria emocional. Você é completo em Jesus Cristo (Colossenses 2:10). Você é amado, querido e acalentado por Ele. Você é aceito por Ele. Você é suficiente porque Ele é suficiente.

Existe uma linha tênue entre desfrutar de algumas amizades ou se beneficiar com as amizades das redes sociais e a delegação de relacionamentos emocionais ou comparações. As pessoas e os relacionamentos são uma bênção de que devemos desfrutar. Mas também devemos ser cautelosos para não permitirmos que nossas emoções se transformem em uma fortaleza de depressão, solidão, inveja, dúvida ou medo.

Aqui estão algumas perguntas para ajudá-lo a discernir onde Deus está em relação às suas outras relações:

> » Quando recebe notícias que enche seu coração de alegria, você pega o telefone para ligar para um amigo, conta para seu cônjuge, posta na rede social ou você tira tempo para agradecer primeiro àquele que lhe deu a bênção?

> » Quando vêm as provações e as tempestades da vida desabam sobre, você clama pelo seu cônjuge, amigo primeiro posta na rede social, ou você clama a Deus?

> » Quando você sente a necessidade de confirmação de seu valor pessoal ou propósito, você começa a rolar a tela do seu smartphone e envia uma mensagem para seu amigo ou você busca pela Palavra de Deus em oração?

Se você começar a mudar a ordem das coisas e se dirigir *primeiro* a Deus, vai sentir sua dependência do Senhor crescer enquanto sua codependência dos outros diminui. Você também vai descobrir como Ele envia ondas de incentivo por meio de quem você ama, melhor do que poderia imaginar por si mesmo.

Use os passos a seguir como outras formas de ajudá-lo a se libertar da codependência:

» Quando perceber que sua mente está divagando sobre alguém mais do que devia, mude seus pensamentos para Deus e para sua Palavra. Procure intencionalmente meios de se divertir — coisas que você gosta, e não coisas que você acha que os outros vão gostar ou que dependam dos outros.

» Preste atenção na maneira que fala de si mesmo. Você se rebaixa ou se dispõe para que os outros façam isso? Reverta esse padrão ao afirmar com suas palavras o que Deus está fazendo em sua vida.

» Abra mão da necessidade de controlar suas situações e, especialmente, as dos outros ao seu redor.

» Faça uma lista a cada dia incluindo itens pelos quais você deve ser grato a Deus.

» Reduza as mensagens de texto e as conversar com quem você possa ser codependente.

» Escreva para si mesmo notas de afirmação e deixe-as à vista, ou envie a si mesmo um e-mail. Pode até colocar um alarme no celular para se lembrar do valor que Deus diz que você tem.

» Passe tempo com Deus antes de acessar as redes sociais de manhã. Busque reduzir também a quantidade de tempo que gasta navegando nas redes sociais. Está tudo bem em deixar de seguir ou desfazer a amizade com alguém se você sente que estar conectado com ele está diminuindo sua visão de si mesmo e sua identidade em Cristo.

Por que você deve fazer tudo isso? Não porque você é a melhor pessoa no mundo ou é perfeito nem porque quer se tornar egocêntrico. Mas porque quer se lembrar de que, em Cristo, você tem tudo de que precisa. Você não precisa esperar por algo de outra pessoa para torná-lo completo.

Quando um jogador de basquete tem um momento difícil no jogo, dizemos que ele está em uma "crise". Isso não é incomum, os atletas entrem em crise o tempo todo. Mas ele não pode ficar sempre em crise; em algum momento, ele ou ela tem de se recuperar.

Estar preso em uma fortaleza emocional, ou fortalezas, pode estar relacionado a viver em crise. Você não é capaz de realizar as coisas que sabe que consegue, ou desfrutar das experiências que foi feito para desfrutar, ou até cumprir o propósito que Deus destinou para você cumprir. Você ainda está no time — na família do reino de Deus —, mas não está aproveitando o seu potencial. Embora seja normal e natural entrar em crise de vez em quando, não é normal ou natural permanecer nela. Você não pode ficar lá. Você está a um passo do processo de saída da crise. Você deve procurar mudar as coisas.

Muitos dos melhores servos de Deus passaram por crise e quando olhamos para as histórias de vidas, podemos descobrir alguns princípios que os tiraram de lá e também podem nos tirar.

Moisés, o homem que escreveu os cinco primeiros livros da Bíblia, trouxe os Dez Mandamentos e abriu o mar Vermelho enquanto libertava Israel de centenas de anos de escravidão, viu-se em crise. Moisés definitivamente contribuiu ao se colocar na primeira crise de muitas, mas a maneira poderosa que ele a venceu é o que desejo que analisemos.

O problema inicial de Moisés estava ligado às pessoas. Ele foi atingido com força pelas emoções negativas vindas da rejeição. Talvez você possa se identificar. Talvez também sentiu a rejeição e está sofrendo com suas consequências, a baixa autoestima. Em caso afirmativo, tenha ânimo, porque Moisés esteve onde você está, e Ele foi capaz de vencer.

Os problemas de Moisés começaram em torno dos seus quarenta anos, quando ele viu um egípcio espancando um hebreu e decidiu intervir (Atos 7:24-25). Quando ele matou o egípcio e escondeu o corpo, pensou que o povo hebreu entenderia que ele estava lá para libertá-los, mas eles não entenderam. Em vez disso, eles tiveram medo e o rejeitaram (Êxodo 2:13-14).

Não só Moisés foi rejeitado pelo seu próprio povo até quando ele quis ajudá-los, como também foi rejeitado pelo povo egípcio e por sua própria família. Por isso, estava cheio de sentimentos de medo e rejeição, então ele fugiu do Egito e terminou em uma terra estrangeira. Mais quarenta anos se passaram na terra estrangeira, e durante esse tempo, testemunhamos uma mudança marcante na confiança de Moisés. O homem uma vez autoconfiante que ia libertar o povo hebreu sozinho agora não tinha confiança alguma.

Se fossemos ligar o que Moisés estava vivendo a uma fortaleza emocional, chamaríamos isso de baixa autoestima. Isso foi exposto quando Moisés se encontrou com Deus na sarça ardente. Lemos sobre Deus dando a Moisés as ordens para marchar: "Vá, pois, agora; eu o envio ao faraó para tirar do Egito o meu povo, os israelitas" (Êxodo 3:10). Ótimo, finalmente é hora de Moisés cumprir seu chamado — ele devia estar empolgado. Errado. A resposta de Moisés revela tudo, menos alegria. Ele diz: "Quem sou eu para apresentar-me ao faraó e tirar os israelitas do Egito?" (v. 11).

Ou seja, Moisés não se sentia digno de seu propósito e destino. Ele não só não percebia seu valor pessoal, como também não confiava em suas habilidades. Mais tarde, em seu diálogo com Deus, Moisés foi longe ao dizer: "E se eles não acreditarem em mim nem quiserem me ouvir?" (4:1).

Foi então que Deus disse para Moisés atirar o cajado que tinha nas mãos no chão. Quando Moisés o tirou, o cajado se transformou em uma cobra. Deus então disse a Moisés para pegá-la pela cauda. Quando ele a pegou, transformou-se novamente em um cajado. Deus mostrou a Moisés que não era em sua própria força que ele cumpriria seu destino, mas na força de Deus. Não cabia a Moisés ser "o cara"; dependia de Deus (v. 3-16).

Da mesma forma, o peso de cumprir seu destino e de ser tudo aquilo que você foi criado para ser não está sobre seus ombros. Está sobre os ombros de Deus. Quando você confia nisso e abre mão do que o mantém preso, você saberá o que é o poder do Senhor. Sua estima não devia estar enraizada em quem você é e em suas habilidades, mas sim no poder que Deus pode manifestar em você e por meio de você. Tudo posso naquele que me fortalece (Filipenses 4:13). E essa verdade devia lhe dar uma confiança enorme.

A rejeição de Moisés levou-o a uma espiral perigosa de insegurança e abandono pessoal. Basicamente, ele permitiu que a rejeição dos outros o levassem ao caminho da autorrejeição. Você já fez isso? Quando alguém o maltratou, abandonou, rebaixou ou desprezou, você acabou fazendo a mesma coisa consigo? Abandonar a si mesmo e não conseguir dar o cuidado, o amor, a atenção de que precisa é tão ruim quanto os outros abandonarem ou desprezarem você. Não misture os pecados deles com os seus.

Você não está sozinho. Você é valioso, precioso, e digno de atenção. Você pode vencer a fortaleza emocional que enfrentar porque não está sozinho. Assim como vimos com Moisés e sua fortaleza emocional de baixa autoestima vindo da rejeição, Deus reagiu à crença de Moisés na fraqueza pessoal dele ao revelar seu próprio poder. Deus também anseia revelar seu poder a você, mas isso só vai acontecer quando você fizer como Ele diz: abra mão do que sabe (igual ao cajado que Moisés carregava por tanto tempo), jogue fora, e pegue o que Deus ungiu. Coloque seu foco naquilo que Ele pode fazer, não naquilo que você fez ou no que aconteceu com você no passado.

Se você está sofrendo as dores da rejeição, quero que se lembre destes três pontos:

1. A sua maior necessidade não é autoconfiança, é a confiança em Deus.

2. Deus usa as experiências ruins para o ministério e para as bênçãos vindouras.

3. Obedecer ao que Deus diz leva você a uma imagem nova e exata de si mesmo.

Se você se identifica com Moisés, então precisa também entender que consegue voltar e começar de novo — na força de Deus, não na sua força. E amigo, o que está nas suas mãos? Seja lá o que for, jogue fora. Deixe que Deus toque isso. Então, pegue-o de novo. Com Deus, você pode vencer.

O modo para reverter as consequências negativas e o controle constante das fortalezas emocionais vem a partir da conscientização e de uma mudança de mente. Não vem ao ignorar o problema ou negar que ele exista. Você não pode curar o câncer fingindo que não o tem; nem pode vencer as fortalezas emocionais simplesmente por desejar que elas desapareçam. Da mesma forma, buscar se distrair delas pode funcionar por certo tempo, mas não vai trazer a cura. Na verdade, as distrações que uma pessoa recorre ao lidar com uma fortaleza emocional muitas vezes acabam se transformando em suas próprias fortalezas (por exemplo: comida, compras, bebida, sexo, entretenimento). Quando isso acontece você termina com mais coisas para vencer do que sua fortaleza inicial.

Além disso, você não pode reverter a direção de uma fortaleza cedendo a ela. Se você sentir vontade de se cortar, xingar, beber, gastar dinheiro ou apenas se afastar das pessoas ao seu redor, seguir em frente e fazer tais coisas não vai ajudá-lo a superá-las. Vai simplesmente deixá-lo em paz por um momento até a próxima vez que suas emoções exigirem que você faça tudo de novo.

Sua chave para a vitória nessa área da sua vida está em admitir e tratar a raiz do problema: o que você pensa e acredita ser verdade não é a verdade. Quando Satanás está influenciando seus pensamentos, então você vai sentir o que ele deseja que você sinta. Quando Deus está influenciando seus pensamentos, então você vai sentir o que Ele planejou que você sinta. Você tem de escolher a quem vai dar ouvidos e se vai alinhar seus pensamentos e emoções sob as mentiras ou sob a verdade.

Como você reage às situações em sua vida é geralmente um reflexo do que acredita ser verdade. Por exemplo, se duvida em seu coração que Deus vê quando você está errado, se importa quando está ferido e tem o melhor em mente para você, então você buscará corrigir suas situações por si mesmo em vez de confiar nele e em seus caminhos para lidar com tudo.

Deixe-me garantir que Deus viu o que aconteceu com você, o que está acontecendo ou o que você tem medo que aconteça com você. Geralmente, o que impede a resposta e libertação em nossa vida é que tentamos e tomamos conta das coisas do nosso jeito, com nossas próprias mãos. Isso apenas compõe o problema inicial, acrescentando ao seu pecado aquilo que nos afeta. Deus é o único que vai lidar com isso por você, se assim você permitir. Ele está no controle. Ele ouve. Ele sabe. Ele vê. Ele se importa. Ele entende. Ele tem você. É hora de confiar e seguir em frente.

CAPÍTULO 7

Revertendo as consequências demoníacas

Quando você fica doente, provavelmente corre até a farmácia para pegar um remédio sem prescrição médica para ter alívio. Fazemos isso de vez em quando só para descobrir que, seja lá o que usamos, não funcionou muito bem. Após dias tentando se tratar sozinho, você pode ceder — como sempre faço — e ir ao médico.

Então o médico realiza uma bateria de exames porque ele ou ela está olhando mais fundo do que ver os sintomas. O médico quer achar a raiz do problema para que ele seja tratado e, por fim, sarado. A receita médica que é dada, em geral, é bem diferente e definitivamente mais potente dos que os esforços sem prescrição que você dispendeu primeiro.

Enquanto viajamos por esses caminhos de resultados negativos em nossa vida e buscamos revertê-los a fim de seguir em uma direção melhor, gostaria de apontar que, para muitos, o motivo de não estarem tendo a vitória e a libertação é porque estão enfrentando uma realidade não diagnosticada. Eles estão tratando os sintomas em vez de tratarem a raiz. Essa realidade não diagnosticada que age na vida pode surpreendê-lo quando eu disser o que ela é. O motivo que pode surpreendê-lo é porque rotulamos essa fonte de uma maneira drástica que nem sempre reconhecemos quando está diante dos nossos olhos.

A realidade é a opressão demoníaca. Agora, eu percebo que isso não é um tema popular para a cultura ocidental instruída. Na verdade, é o meu ponto de vista que nos educamos fora de uma análise espiritual da questão que enfrentamos. Ficamos tão sofisticados que o assunto sobre demônios parece ser inferior a nós. Claro, admitimos que os demônios podem agir nos países de terceiro mundo onde há gente analfabeta e que vive sem avanço científico. Mas na terra da astúcia educacional como os EUA, acreditamos que devíamos resolver nossos problemas com a tecnologia e "técnicas modernas". É nossa falha, entretanto, compreender o que os demônios são e como agem, deixando-os permanecer livres para agir em nossa vida e nas circunstâncias em um nível devastador. Os demônios mantêm-nos reféns da escravidão enquanto procuramos por soluções sem prescrição para um problema satânico.

Os métodos materiais sem prescrição jamais vão anular a influência de Satanás sobre as situações da vida. Isso exige uma batalha espiritual travada com meios espirituais para vencer um oponente espiritual.

"Conhecer o seu inimigo" é a primeira estratégia para a vitória sobre tudo.

Ao longo da vida e do ministério de Jesus, Ele teve de lidar com demônios. Ao lermos os quatro Evangelhos (Mateus,

Marcos, Lucas e João), notamos que Ele sempre está confrontando as realidades físicas com uma causa espiritual. A opressão, a influência, ou a possessão demoníaca geram tanto mais caos e destruição nesta terra do que temos consciência. Jesus confrontava regularmente essas situações em que havia demônios infiltrados apenas para destruir uma vida ou uma comunidade pelo simples fato de não terem sido detectados nem abordados.

Um dos mais famosos encontros de Jesus com demônios pode ser encontrado em Marcos 5. Nesse relato, aprendemos como ser mais conscientes e familiarizados com demônios para tratar a causa não diagnosticada de muitas (senão da maioria) das realidades a que nos encontramos atados na vida.

O começo da história se passa quando Jesus atravessou o mar. Lemos em Marcos 5:1-5:

> Eles atravessaram o mar e foram para a região dos gerasenos. Quando Jesus desembarcou, um homem com um espírito imundo veio dos sepulcros ao seu encontro. Esse homem vivia nos sepulcros, e ninguém conseguia prendê-lo, nem mesmo com correntes; pois muitas vezes lhe haviam sido acorrentados pés e mãos, mas ele arrebentara as correntes e quebrara os ferros de seus pés. Ninguém era suficientemente forte para dominá-lo. Noite e dia ele andava gritando e cortando-se com pedras entre os sepulcros e nas colinas.

Nessa descrição, vemos uma versão ampliada de muitas manifestações de opressões atuais: automutilação, raiva, imprudência, rebelião e narcisismo. Esses fatores podem não ser tão gritantes em nossa cultura atual quanto o comportamento demonstrado por esse homem na época do relato bíblico, mas a realidade oculta da existência dos demônios geralmente aparece no comportamento inconformista e egoísta baseado na vítima.

A raiz dos problemas desse homem, e a raiz de boa parte do que lidamos hoje, tanto interiormente quanto com os outros, é mencionada no início da passagem. Lemos que ele era um homem com um "espírito imundo". Por detrás das atitudes desequilibradas e do comportamento destrutivo, escondia-se um espírito invisível. O problema desse homem não era baixa autoestima ou mera loucura. Não, o envolvimento demoníaco o levou para a direção errada. Esse espírito imundo se manifestava nele em formas que hoje, às vezes, classificaríamos como comportamento baseado no trauma, vícios, doença mental, psicopatia ou outras formas de autodestruição. E enquanto a medicação tem seu espaço quando há um desequilíbrio químico real em um corpo humano, eu insistiria que muitas questões que enfrentamos são frequentemente mal classificadas e mal diagnosticadas. O espiritual atua no invisível, e desde que não podemos vê-lo, geralmente não conseguimos diagnosticar a raiz verdadeira dos problemas comportamentais.

Mas antes de prosseguirmos, quero enfatizar mais uma vez que não estou dizendo que toda doença mental está ligada à possessão demoníaca. O que estou dizendo é que parte do que chamamos de doença mental é exatamente isso. Quanto mais alguém se vê vivendo fora de controle pessoal, onde sua mente afasta suas decisões do compasso do Espírito, mais precisamos considerar as influências invisíveis dos seres demoníacos imundos.

Também não quero que você pule este capítulo se não estiver lidando com os extremos da doença mental porque Satanás gosta de nos influenciar sutilmente de modos indetectáveis para que não o enfrentemos e o derrotemos com o poder de Cristo e a consciência das astúcias do inimigo. Você pode não estar vivendo uma vida tão descontrolada como aquele homem possesso estava, mas existem princípios bíblicos e espirituais que você pode aplicar para vencer a influência satânica em qualquer nível que esteja enfrentando. O objetivo de Satanás é nos afastar de viver o maior mandamento e o propósito máximo de cada vida: amar a Deus e o próximo. Tudo que impede ou persuade você de viver esse mandamento causa uma brecha do inimigo no cinturão da sua armadura. Seja amargura, ciúmes, apatia, baixa autoestima, seja coisa semelhante, se proíbe sua total expressão interna ou externa de amar a Deus, a si mesmo, ou ao próximo, Satanás o oprimiu com sucesso.

Então, como vencemos um inimigo invisível? Começamos identificando o inimigo pelo que ele é. As Escrituras dão a esse demônio um apelido: espírito imundo. Embora

> *O objetivo de Satanás é nos afastar de viver o maior mandamento e o propósito máximo de cada vida: amar a Deus e amar o próximo.*

ele seja chamado mais tarde de demônio, começamos ao ver sua natureza e caráter pelo seu apelido. A raiz dos problemas desse homem e a raiz de muitos dos nossos próprios problemas estão no ambiente imundo onde os espíritos perambulam. Os espíritos demoníacos são, por natureza, imundos. Dessa forma, para habitarem em sua vida ou na minha, eles procuram por áreas de imundície para entrar. Eles são atraídos pelo que está em oposição a Deus, interpretando aquele espaço como sendo um convite.

Você não precisa dar às baratas um convite formal para elas invadirem seu lar. Não precisa erguer uma placa escrita: "Hotel de baratas". Não, as baratas vão presumir que, se você deixou muito lixo ou restos de comida em lugares que elas podem facilmente alcançar, você as convidou para entrar. Você nem precisa recepcionar os mosquitos em seu jardim. Apenas deixe água parada por um bom tempo e os mosquitos vão presumir que seu jardim é o lar deles. Da mesma forma, não precisa dar aos demônios um convite formal. Não precisa mandar um bilhete para Satanás para que ele saiba que está tudo bem enviar demônios para sua casa. Pelo contrário, os demônios vão presumir pela sujeira em nossa vida que são bem-vindos devido à sua natureza imunda.

Só é preciso uma pequena brecha para permitir que um demônio entre e faça morada. Assim como poucas migalhas de pão podem atrair uma família de ratos, não é preciso muita coisa para atrair demônios. Eles simplesmente procuram lugares onde há imundície e entram. Eles se impregnam ou pela influência, opressão, domínio, ou pelo nível extremo, a possessão. Os demônios aumentam o que já é imundo, tornando-o ainda mais imundo.

Dessa forma, os problemas que muitos de nós enfrentamos não são apenas a sujeira que originalmente permitimos por meio da nossa própria busca, mas também pela expansão daquela sujeira dos demônios que lá adentraram. É por isso que você se vê rapidamente indo de um hábito ruim para um vício, sem muita advertência. Antes mesmo de saber, você se vê preso pelos seus próprios pensamentos e comportamentos negativos influenciados por espíritos demoníacos.

O pior é que a última coisa que a maioria das pessoas vai considerar quando pensar sobre como mudar o comportamento destrutivo é a influência demoníaca. Afinal de contas, somos muito cultos para coisas desse tipo. Nossa cultura cristã tornou-se muito sofisticada. Por isso, rapidamente rejeitamos até a noção de demônios. Os demônios vivem somente nas rochas e em árvores nos países distantes, certo? Não de acordo com as Escrituras. Em 1Timóteo 4:1-2, lemos que os demônios habitam no engano e distorcem nossa doutrina. Eles vivem nas mentiras. Está escrito:

> O Espírito diz claramente que nos últimos tempos alguns abandonarão a fé e seguirão espíritos enganadores e doutrinas de demônios. Tais ensinamentos vêm de homens hipócritas e mentirosos, que têm a consciência cauterizada.

Os demônios fazem morada no mundo incorpóreo dos nossos pensamentos e sistemas de crenças. Na verdade, Satanás é o pai da mentira. Ele é mentiroso desde o princípio. Ele distorce a verdade para desviar a humanidade para um caminho de destruição. Os demônios que seguem Satanás em suas rebeliões contra Deus são espíritos imundos que giram em torno da mentira. É por isso que é do interesse deles afastá-lo da verdade porque se alimentam das mentiras e do que elas produzem. Eles se alimentam de amargura, ódio, ciúmes, orgulho, ego e comportamentos desprezíveis. Todas essas coisas são seu sustento e força.

Tiago 3:13-16 diferencia os resultados de uma sabedoria piedosa dos enganos demoníacos. Lemos:

> Quem é sábio e tem entendimento entre vocês? Que o demonstre por seu bom procedimento, mediante obras praticadas com a humildade que provém da sabedoria. Contudo, se vocês abrigam no coração inveja amarga e ambição egoísta, não se gloriem disso nem neguem a verdade. Esse tipo de "sabedoria" não vem dos céus, mas é terrena; não é espiritual, mas é demoníaca. Pois onde há inveja e ambição egoísta, aí há confusão e toda espécie de males.

Como pode ver, isso é bem diferente do gesareno que Jesus enfrentou na beira da praia. Enquanto ele vivia entre os túmulos, cortando-se e gritando incontrolavelmente, Tiago nos deixa saber que existem outros comportamentos que também são resultados da influência direta dos demônios — comportamentos que parecem ser bem menos loucos e mais comuns. Inveja amarga e ambição egoísta, arrogância e muito mais podem ser influência demoníaca. Sempre que você toma a visão do homem acima da visão de Deus, convida demônios para entrar. Você acabou de abrir a porta para eles se infiltrarem e infestarem sua vida. Pode levar tempo para avançar até o ponto demoníaco que foi exibido publicamente pelo gesareno, mas só porque nem sempre o rotulamos como louco não o torna menos demoníaco. Na verdade, nossa cultura em geral até parabeniza e promove a inveja e a ambição egoísta. Muitas redes sociais apoiam-se nos dois pilares da influência demoníaca. Desde o surgimento da mídia digital baseada na comparação vieram os níveis de baixa autoestima, solidão, pensamentos suicidas, ansiedade com base no sucesso e outras mentalidades destrutivas.

Os demônios nem sempre aparecem vestidos de vermelho e com um tridente. A influência demoníaca é uma questão invisível e espiritual que só piora quando permitimos que ela se deteriore, apodreça e se espalhe. Os fatores em nossa vida (pensamentos, relacionamentos, atividades, vícios) que não são abordados em seu cerne espiritual apenas geram uma influência demoníaca maior dentro de nós. Antes de perceber, você

Nossa cultura em geral até parabeniza e promove a inveja e a ambição egoísta. Muitas redes sociais apoiam-se nos dois pilares da influência demoníaca.

termina carregando suas ofertas sem se dar conta de que elas são as raízes.

A maneira de se livrar dos demônios e de suas influências em sua vida pode apenas ser encontrada no poder e na verdade de Cristo. Como Martin Luther King Jr. disse: "As trevas não podem expulsar as trevas. Somente a luz pode fazer isso". Você não pode vencer as influências demoníacas com estratégias da autoajuda ou com votos que antecedem o Ano Novo. Somente a luz de Cristo pode afugentá-las.

Foi exatamente isso o que aconteceu no caso do gesareno. Lemos depois na passagem que, quando o homem possuído pelo demônio viu Jesus Cristo sair do barco, correu em direção ao Senhor e se prostrou. Ele se prostrou em uma postura de adoração e submissão. Os demônios sabem quem está no controle. Lemos:

> Quando ele viu Jesus de longe, correu e prostrou-se diante dele. E gritou em alta voz: "Que queres comigo, Jesus, Filho do Deus Altíssimo? Rogo-te por Deus que não me atormentes!
>
> [...] E então Jesus lhe perguntou: "Qual é o seu nome?"
>
> "Meu nome é Legião", respondeu ele, "porque somos muitos." E implorava a Jesus, com insistência, que não os mandasse sair daquela região (Marcos 5:6-7, 9-10).

Quando os demônios assumem o controle, mas Jesus entra em cena, há um conflito interno e externo entre o que você quer (liberdade) e o que os demônios querem (opressão e controle). Você pode ver esse conflito no modo como o evangelista narra a história. O homem fala no singular para referir-se a si mesmo, mas quando Jesus pergunta o nome dele, ele responde no plural: "somos muitos". O homem fala no singular porque está lutando dentro dele. Os demônios, que o possuíam, também falavam. Nem o homem nem os demônios queriam ser atormentados.

Que tormento? O espiritual se depara com o espiritual. O plano espiritual das forças demoníacas se depara com o plano espiritual da verdade de Cristo. Quando o problema encara a solução, gera tormento. Agora há um conflito devastador dentro desse homem que vem à superfície. No versículo 8, lemos que Jesus havia dito aos demônios para saírem do homem. Mas eles não queriam sair. Eles haviam encontrado um lugar para aterrorizar esse homem e gerar caos na comunidade. Eles queriam ficar, então se agarraram ao homem com todas as forças. Jesus os queria fora dali. O homem os queria fora dali. Eles queriam ficar. O resultado: tormento.

Você talvez não tenha enfrentado esse tipo específico de tormento, mas sem dúvida esteve em uma posição onde foi pego entre dois desejos. Você teve uma força interior levando-o para Cristo e outra força interior levando-o para qualquer outra coisa. Você tinha o desejo de agradar ao Senhor no que fazia, pensava ou dizia, mas algo continuava puxando-o para outra direção. O tormento interior surge em todas as formas e abrangências. O tormento vem à tona quando o choque de dois reinos guerreia dentro de você (Romanos 7:14-25).

A reação de Jesus ao clamor dos demônios para não os atormentar foi uma pergunta. Ele perguntou o nome deles. Vemos novamente a dualidade de pronomes novamente na resposta. "Meu nome é Legião", respondeu ele, "porque somos muitos" (Marcos 5:9b). Uma "legião" era um grupo de seis mil soldados romanos. A essa altura, o homem não tinha apenas um demônio o influenciando, havia milhares deles. De vez em quando é isso que acontece. Você pode ver uma barata em sua cozinha, mas se a deixar ali, logo surgirão mais.

Quanto mais demônios influenciam um indivíduo, pior fica. Os espíritos imundos ficam mais viciados. Mas eles não conseguem controlar a raiva, a fala, as paixões, o desejo de poder e outros comportamentos destrutivos. Isso porque quanto mais demônios estiverem no controle, mais descontrolada a pessoa fica.

A opressão demoníaca do homem não havia sido tratada por tanto tempo que milhares de demônios fizeram morada em seu corpo. Seja qual fosse a imundície na vida desse homem, ela tinha atraído uma legião semelhante.

Um fator interessante para observar a respeito desses demônios se referindo como "legião" é que esse termo romano significa um grupo militar que agia em união. Eles agiam juntos, com um objetivo em mente. É por isso que a Bíblia dá tanta importância à unidade no corpo de Cristo. Quando o inimigo está atuando em unidade, isso exige nossa unidade em Cristo para tratar o problema espiritualmente. Somos mais poderosos do que imaginamos, e uma das razões pelos quais não damos conta de entender e acessar nosso poder é porque continuamos divididos. A estratégia principal de Satanás é manter os crentes divididos.

O diabo mantém-nos disputando por raça, política, preferências, posições, plataformas, lares, casamentos e uma variação de questões porque nossa fraqueza se manifesta na desunião. Se Satanás puder nos manter desunidos, ele pode controlar os projetos do lar, da igreja, da comunidade e do país.

Até mesmo nações inteiras possuem demônios designados a elas com o único propósito de manter os que estão dentro do território divididos. Eles devem manter as classes, a cultura, as raças e a política divididas. Mas se você é muito sofisticado para acreditar em demônios e reconhecer que eles são reais, você estará focando na prescrição sem solução para uma doença demoníaca desesperadamente profunda e sombria. As legiões atuam unidas, e assim devíamos atuar no corpo de Cristo; isso se quisermos ter a vitória que vem pelo poder de Jesus expressado em nós pela fé.

Como já mencionado anteriormente, os demônios possuem territórios. A legião de demônios que Jesus abordou no homem sobre o qual estamos lendo a respeito em Marcos 5 também possuía um território. Quando Jesus ordenou que saíssem do homem, eles

A estratégia principal de Satanás é manter os crentes divididos.

imploraram para deixá-los ficar em seu território. Além disso, eles até pediram a Jesus aonde enviá-los — para uma manada de porcos. Talvez você nunca tenha considerado o relato demoníaco como um exemplo de barganha espiritual, mas foi exatamente o que aconteceu. Jesus disse aos demônios para saírem, e eles negociaram sua rendição. Lemos:

> E implorava a Jesus, com insistência, que não os mandasse sair daquela região. Uma grande manada de porcos estava pastando numa colina próxima. Os demônios imploraram a Jesus: "Manda-nos para os porcos, para que entremos neles". Ele lhes deu permissão, e os espíritos imundos saíram e entraram nos porcos. A manada de cerca de dois mil porcos atirou-se precipício abaixo, em direção ao mar, e nele se afogou (Marcos 5:10-13).

Os demônios tiveram de pedir permissão a Jesus para entrarem em outro hospedeiro. Veja: demônios são espíritos. Eles são invisíveis. Eles agem por meio dos seres vivos. Eles precisam de uma entidade visível, real, para se expressarem nesta terra. Jesus explica desta forma:

> Quando um espírito imundo sai de um homem, passa por lugares áridos procurando descanso e, não o encontrando, diz: "Voltarei para a casa de onde saí". Quando chega, encontra a casa varrida e em ordem. Então vai e traz outros sete espíritos piores do que ele,

e entrando passam a viver ali. E o estado final daquele homem torna-se pior do que o primeiro (Lucas 11:24-26).

Jesus nos dá um grande entendimento sobre a natureza dos demônios nessa passagem quando compartilha que eles não conseguem encontrar descanso (ou seja, habitar) em lugares áridos. Não existe vida onde não há água. Então eles têm de ir onde há vida a fim de encontrar um hospedeiro por meio do qual realizam seus esquemas sorrateiros.

Os demônios vêm sobre os humanos para que possam expressar sua imundície em nossa impureza, fazendo nossa sujeira ficar pior do que da primeira vez que eles entraram. É por isso que quando Jesus confrontou o gesareno, os demônios se transformaram em uma legião. Jesus concede o pedido de serem enviados aos porcos. Ao som de sua voz, eles saem do homem e entram nos animais.

Então eles correm para o precipício e se lançam, morrendo afogados. O objetivo dos demônios é sempre a morte. Para eles, é o fim do jogo. Nem sempre pode aparecer como morte física, se bem que há momentos que aparece. Mas sempre que os demônios conseguem arrastá-lo para baixo, tornando seus pensamentos desconexos, eles se consideram bem-sucedidos. Eles buscam destruir sua vida, matar os seus sonhos, aniquilar seu destino. O objetivo é sempre a morte, como visto nos porcos. A diferença entre os porcos e o homem era que os animais não tinham almas, enquanto o homem tinha. Assim, havia no homem certa resistência que não havia nos porcos. É por isso que quando os demônios entraram neles, imediatamente cometeram suicídio.

Alguns anos atrás, houve uma infestação de abelhas em meu banheiro. O banheiro principal havia se tornado o lar de um enxame. Dezenas de abelhas apareciam toda semana no local. Isso continuou, apesar de eu ir lá matá-las, borrifar inseticida, ou eliminá-las pela descarga. Dentro de poucos dias, não importava o quanto eu havia matado, mais abelhas apareciam no banheiro. Eu estava fazendo o melhor que podia com o que eu sabia fazer, mas o problema com as abelhas estava apenas piorando com o tempo. Foi quando decidi chamar o dedetizador.

O dedetizador não gastou muito tempo em meu banheiro, embora o problema estivesse ali. Pelo contrário, ele foi para o sótão. Quando ele chegou lá, encontrou uma colmeia. Ele rapidamente destruiu a colmeia e me enviou um boleto.

Problema resolvido? Pense de novo. Dentro de uma semana ou mais, as abelhas começaram a aparecer novamente em meu banheiro. Ainda que eu tivesse chamado, contratado e pago um dedetizador, ainda havia abelhas em meu banheiro. Então, dessa vez eu chamei outro dedetizador. Contei-lhe que o primeiro rapaz havia encontrado uma colmeia no sótão e a destruído, mas este profissional me disse que o problema não estava no sótão. Ele explicou que estávamos fazendo a pergunta errada o tempo todo. A pergunta não era "Tem abelhas no banheiro?" nem era "Tem uma colmeia no sótão?". A pergunta certa que revelaria a raiz do problema era "Como as abelhas estão entrando na casa?".

Essa era a pergunta que ele buscava solucionar porque, dado certo tempo, se você não resolve por onde elas estão entrando, elas vão simplesmente construir outra colmeia. Então, esse dedetizador pediu para darmos uma volta do lado de fora da casa. Caminhamos por volta da casa várias vezes. Ele não falou muito enquanto caminhávamos. Finalmente, depois de algumas voltas, ele parou e disse:

— Ali está.

— Está o quê? — Perguntei, confuso.

— Ali está a fonte do seu problema — respondeu.

No início eu não conseguia ver o culpado, então ele apontou com o dedo para mim. Do lado da casa tinha um cano. Em certo lugar, o cano entrava na casa. Bem onde o cano entrava na casa, havia um espaço. Não era um espaço enorme. Nem precisava ser. As abelhas não precisam de uma grande abertura. Mas era um espaço suficiente para as abelhas entrarem e se sentirem em casa. Por causa do espaço não ter sido tratado, as abelhas estavam livres para entrar à vontade.

Isso também é verdade em relação à influência e à opressão demoníacas. O que você e eu temos de fazer é fechar a brecha que permite que os demônios entrem. Tivemos de fechar o buraco — mesmo que não parecesse grande. Os demônios não precisam de muito espaço para se sentirem em casa em seu coração. Um pouco de inveja abrirá espaço. Um pouco de amargura. Um pouco de ambição egoísta. Uma espiadinha na pornografia. Seja qual for a situação, você normalmente não mergulha de cabeça no pecado; é uma entrega lenta do coração, da mente e da alma.

Uma vez que eles entram e começam a influenciar você, em troca exige-se um ataque espiritual. É necessário o poder de Jesus. Mas assim como Jesus fez com o homem possesso por uma legião de demônios, Ele também pode livrar você de qualquer influência demoníaca que o atormenta.

Lemos sobre uma das maiores conversões na história das conversões, e ela aparece no fim do relato do gesareno em Marcos 5: "Quando se aproximaram de Jesus, viram ali o homem que fora possesso da legião de demônios, assentado, vestido e em perfeito juízo; e ficaram com medo" (v.15).

Você percebe o que aconteceu? Parece uma reversão de consequências para mim. Ele estava vestido. Não estava mais sentado perto dos túmulos. Ele não se cortava mais. Ele estava em perfeito juízo. Essa mudança drástica aconteceu porque Jesus anulou as influências demoníacas que haviam tomado conta daquele homem.

Você até pode não estar possesso por uma legião de demônios; você pode sofrer uma influência quase imperceptível de apenas um ou dois demônios; ou talvez de centenas deles. Mas seja qual for o caso, você pode ser livre. Você pode reverter sua direção. Não precisa mais ceder aos pensamentos autodestrutivos ou à piedade induzida pelo orgulho. Olhe para Jesus. Prostre-se diante dele. Renda-se à vontade dele em sua vida. Alinhe seus pensamentos com seu governo de amor. Expulse todo pensamento que se opõe a Ele e ao seu amor. Leve cativo cada um desses pensamentos. Feche as brechas. Desvie-se dos comportamentos impuros ou pensamentos que você se permite ter. Basta uma pequena brecha para os demônios entrarem, assim como apenas uma fresta permitiu uma colmeia inteira colonizar meu sótão e minha casa. Jesus tem o poder de remover as forças opressoras que atuam em sua vida, mas isso começa quando você admite e se arrepende de não colocar o governo de Deus em primeiro lugar. Tudo começa com uma rendição.

Quero fazer uma observação final antes de encerrarmos este capítulo sobre como reverter uma opressão demoníaca. Depois que o homem foi liberto, ele implorou a Jesus para segui-lo. Assim como qualquer um faria! Mas Jesus disse-lhe para voltar para casa e compartilhar o que havia acontecido com ele para os outros. Ele o enviou como uma testemunha. Lemos em Marcos 5:

> Jesus não o permitiu, mas disse: "Vá para casa, para a sua família e anuncie-lhes quanto o Senhor fez por você e como teve misericórdia de você". Então, aquele homem se foi e começou a anunciar em Decápolis o quanto Jesus tinha feito por ele. Todos ficavam admirados (v. 19-20).

Jesus enviou o homem para Decápolis. *Decapolis* vem de duas palavras: *deca* significa dez e *polis* significa cidade. Jesus enviou o homem para uma região de dez cidades. Ele o enviou para longe para compartilhar as boas-novas do que o Senhor havia feito por ele.

Não quero que você deixe esse detalhe passar despercebido. Cada um de nós tem um papel a desempenhar ao levar a verdade de Cristo para os outros. Acima de tudo, você tem de sentir o poder dele por si mesmo. Mas quando Ele o libertar, não guarde isso para só para você. Não guarde apenas para sua família e amigos íntimos de modo que só eles saibam e ouçam sobre o que aconteceu com você.

Os testemunhos do poder de Jesus transformam as vidas. O seu testemunho é como a onda do mar, movendo-se adiante para mudar tudo. A sua reversão nunca depende só de você. O que Jesus fez por você deve ser compartilhado com os outros em um esforço para também os atrair até Ele.

Você tem um papel para desempenhar nas conversões daqueles que Deus coloca em sua esfera de influência. Você tem algo a dizer. Se Jesus libertou você de algo, é melhor não guardar isso para si mesmo. É melhor contar para alguém. Depois, conte para outra pessoa. E depois, conte para mais uma outra pessoa, e assim por diante. Não se envergonhe do poder de Cristo que age em sua vida. Se Ele pode libertar você, Ele pode libertar qualquer um. Você tem uma função a desempenhar ao permitir que os outros também saibam.

> *Cada um de nós tem um papel a desempenhar ao levar a verdade de Cristo para os outros.*

CAPÍTULO 8

Revertendo as consequências hereditárias

Todos nós carregamos o DNA de nossos pais, que transferiram suas características genéticas para nós. Geralmente falamos como uma criança se parece com certo membro da família. Você vai ouvir comentários do tipo "Ele simplesmente se parece com o pai", "Ela é a cara da avó". Nosso DNA determina a cor da nossa pele, dos olhos, e a forma dos nossos traços. Somos fisicamente os reflexos vivos da vida dos nossos pais. E também transmitimos essa herança do DNA para os nossos filhos. É assim que a biologia funciona. Você não esperaria nada de diferente de uma criança do que carregar as características dos pais.

Embora saibamos e aceitamos essa realidade como verdade, o que geralmente esquecemos é que o DNA físico não é o único fator a ser transmitido. Há um segmento espiritual que também é passado para nós. Essa é a composição invisível das heranças espirituais que passam de avós (e até mesmo gerações mais antigas) pela linhagem familiar. Você poderia chamar isso de um tipo de DNA espiritual. Isso inclui padrões hereditários de comportamentos pecaminosos, fortalezas, feridas baseadas em traumas, cicatrizes, medos e dúvidas. Quer reconheçamos em nós esse comportamento, quer não, é uma transição muito real de feridas na alma que passam de nós para os herdeiros em nossa família.

Também transmitimos as bênçãos e os favores hereditários, sabedoria, dons de inspiração, criatividade, talentos e similares. Mas devido a este livro ser sobre uma reversão na vida, não vamos enfatizar esse ponto neste capítulo. Tenho plena certeza de que ninguém que está lendo este capítulo quer uma reversão das bênçãos que lhe foram concedidas por meio dos dons hereditários!

As consequências negativas passadas de geração em geração são uma história completamente diferente. Essas repercussões negativas de inculcar os padrões pecaminosos que herdamos ao longo das gerações podem nos deixar presos quando nem sequer sabíamos por onde começar. Esses padrões históricos negativos geram novos resultados negativos em nossa vida e no mundo. Rapidamente, fracassamos tanto em nossa própria vida que reivindicamos essas consequências hereditárias como sendo nossas. No entanto, muitas vezes é a falha em perceber e reconhecer a raiz dessas consequências hereditárias que nos impedem de lidar com elas, removê-las e superá-las.

Essas realidades hereditárias surgem em todas as formas e tamanhos. Falamos sobre certa pessoa "nascer mentirosa". Elas não nasceram como mentirosas patológicas, mas adquiriram a predisposição de mentir como um estilo de vida por meio da consequência e do modelo hereditário. Vemos gente cujos pais, mães ou ambos eram alcoólatras, e os filhos também se tornaram alcoólatras. Vemos o colapso familiar passado ou por meio de uma história de divórcio ou de ausência conjugal ou relações parentais. As inclinações hereditárias que foram um padrão negativo podem se manifestar de várias formas. As crianças não nascem racistas. Elas herdam uma história genética de racismo transmitida pelas gerações, assim como o comportamento cultural e familiar que reforça e educa esse modo de pensar. Eles inculcam o padrão em sua vida, desempenhando assim a transferência, reconhecendo a transferência e, finalmente, passando-a também para seus próprios descendentes.

O abuso conjugal é uma outra consequência hereditária que pode ser passada. Xingamentos em profusão é outro. Ansiedade. Depressão. Comportamento ilícito e imoral. A lista é tão longa quanto os comportamentos negativos que estão à disposição da humanidade. Parte da razão se deve ao processo de absorver o modelo comportamental à medida que você cresce, mas a outra parte se deve às consequências hereditárias ligadas ao DNA espiritual que cada um herda. É uma transferência hereditária. A cicatriz na alma simplesmente se reflete várias vezes.

Falamos de ciclos quando mencionamos as consequências hereditárias. Falamos de um ciclo de pobreza, abuso ou vitimização. Qualquer padrão de mentalidade ou comportamento pecaminoso que é transmitido e depois herdado pela próxima geração é uma consequência hereditária. É assim que o ciclo se dá: com a transmissão do comportamento há também o bastão dos resultados.

Muitos fazem o que fazem, pensam o que pensam e agem como agem porque receberam isso como herança. É parte da vida deles, mesmo que não gostem. É por isso que você vai geralmente ouvir a frase "Esse é quem eu sou" ou — pior ainda — "Foi assim que fui criado". Essas frases sempre vêm acompanhadas por um encolher de ombros ou um suspiro. São frases de derrota, se é que houve alguma. Porque quem somos em Cristo permite a cada um de nós vencer as consequências hereditárias.

É somente quando um padrão de comportamento e mentalidade não é tratado que ele produz resultados embutidos que continuam prejudicando nosso bem-estar, nossa paz, ordem, estabilidade e esperança. Quando deixados por conta própria, os ciclos hereditários de pecado vão conduzir a mais gerações de pecado.

Para fazer uma reversão total das influências hereditárias, você deve primeiro entender que Deus é um Deus de geração. Ele se refere a si mesmo como sendo o Deus de Abraão, Isaque e Jacó. Deus pensa e se relaciona conosco hereditariamente. Grande parte da Bíblia baseia-se no conceito de linhagem, transferência e descendência. Em Salmos 145:4 lemos: "Uma geração contará à outra a grandiosidade dos teus feitos; eles anunciarão os teus atos poderosos". Lemos sobre as gerações por toda a Bíblia porque Deus criou a raça humana para gerar vida. E com a geração de vida vem a transferência hereditária de bem-estar ou de desolação.

Ezequiel 18:1-2 enfatiza essa crença e a realidade das consequências geracionais. Está escrito:

> Esta palavra do SENHOR veio a mim: "Que é que vocês querem dizer quando citam este provérbio sobre Israel: 'Os pais comem uvas verdes, e os dentes dos filhos se embotam?'".

O que eles estavam dizendo era que, se não fosse pelo o que os pais fizeram, os filhos não sofreriam. É a apreensão psicológica universal da culpa.

A resposta de Deus para o provérbio, porém, dá a entender que cada um de nós tem a habilidade de quebrar o DNA espiritual que nos fora dado em relação às influências negativas hereditárias. Na verdade, quanto mais você acreditar no provérbio, mais ele vai aparecer na sua vida. Deus diz, porém, que Ele pode lhe mostrar a saída. Ele pede que você creia nele. Ele deseja mostrar-lhe por onde sair dessa estrada de arrependimentos transmitida pelas gerações. Ele diz:

> Juro pela minha vida, palavra do Soberano, o SENHOR, que vocês não citarão mais esse provérbio em Israel. Pois todos me pertencem. Tanto o pai como o filho me pertencem. Aquele que pecar é que morrerá. Suponhamos que haja um justo que faz o que é certo e direito.

Ele age segundo os meus decretos e obedece fielmente às minhas leis. Esse homem é justo; com certeza ele viverá. Palavra do Soberano, o SENHOR. Suponhamos que ele tenha um filho violento, que derrama sangue ou faz qualquer uma destas outras coisas. Por todas essas práticas detestáveis, com certeza será morto, e ele será responsável por sua própria morte (Ezequiel 18:3-5, 9-11a, 13b).

Basicamente, Deus diz: pare com o jogo da culpa. Cada um é responsável pelo seu próprio estilo de vida. Sim, Deus é um Deus de geração e, de regra, se relaciona com o ser humano e com as culturas de modo hereditário, mas Ele também deu para cada um de nós nossas próprias oportunidades de escolha. Ele se relaciona tanto hereditária quanto individualmente. Parte de reverter as influências hereditárias negativas está em reconhecer a diferença entre os dois modos de relacionamento conosco..

Agora, já posso ouvir as dúvidas. Não parece ser justo ser forçado a estar em uma situação hereditária negativa para começo de conversa, como muitos são. Afinal de contas, temos um DNA espiritual transmitido a nós e temos os modelos comportamentais ao nosso redor durante boa parte dos nossos anos mais impressionáveis e formadores. Muito do nosso DNA espiritual e modelo podem ser negativos devido às disfunções extremas nas famílias e nas sociedades em geral. O que Deus está dizendo, no entanto, é que cada um tem o livre-arbítrio. Você tem uma escolha para pensar, crer, fazer e ser diferente. E desde que há uma escolha, não há mais uma justificativa.

Há uma outra forma de dizer isso. Todos nós sabemos que a definição de insanidade é repetir as mesmas ações ou padrões negativos e esperar um resultado diferente. Quando você e eu somos apresentados aos resultados negativos das crenças e dos comportamentos das gerações anteriores, temos a opção de mudar. Se seguirmos os mesmos comportamentos e padrões enquanto esperamos resultados diferentes, não estamos vivendo no pleno poder da sabedoria de Deus.

É verdade que nós todos herdamos a natureza pecaminosa de Adão (Romanos 5:12, 15). Todos nós sabemos que o pecado gera a morte, criando uma nuvem sobre a raça humana. Mas durante nosso período de existência, somos livres para fazer escolhas. Temos de tomar nossas próprias decisões. Se escolhemos repetir as práticas negativas daqueles que viveram antes de nós, então somos nós que temos de suportar as consequências de nossas escolhas. Sim, nossa linhagem ancestral pode ter introduzido o ciclo do pecado em nós de várias maneiras. Nossos pais podem ter sido os exemplos para nós. Mas ninguém forçou você nem eu a acatar e agir por contra própria. Nosso comportamento, reações, emoções, palavras e crença são nossos. Nós temos de escolher. Você tem de escolher. Essa é uma verdade essencial que muitas vezes esquecemos. As consequências hereditárias e familiares funcionam por meio de influências, não pela força. Você não é forçado a agir do modo como foi tratado, pelo que viu ou sentiu. Mas, como no caso da pressão dos amigos, as pessoas agem de acordo com o que sabem, veem e sentem. Um grande exemplo disso está em Atos 5. Essa ilustração envolve um marido e uma esposa, mas revela a realidade da escolha pressionada pela ação dos outros. Nessa passagem, lemos que um homem chamado Ananias roubou e mentiu para Deus, não dando ao Senhor o que disse que daria. Quando Pedro confrontou-o sobre esconder o dinheiro em vez de entregá-lo como havia dito que faria, ele mentiu a respeito. Por isso, Ananias morreu imediatamente. Lemos:

> Então perguntou Pedro: "Ananias, como você permitiu que Satanás enchesse o seu coração, a ponto de você mentir ao Espírito Santo e guardar para você uma parte do dinheiro que recebeu pela propriedade? Ela não pertencia a você? E, depois de vendida, o dinheiro não estava em seu poder? O que o levou a pensar em fazer tal coisa? Você não mentiu aos homens, mas sim a Deus". Ouvindo isso, Ananias caiu morto. Grande temor apoderou-se de todos os que ouviram o que tinha acontecido (Atos 5:3-5).

Depois Pedro chamou a esposa de Ananias, Safira. Ele fez exatamente as mesmas perguntas. Ela respondeu com as mesmas mentiras. Dessa forma, ela também morreu.

Safira teve a oportunidade de fazer sua própria escolha. O destino de seu marido não tinha de ser o mesmo dela. Ela podia ter dito a verdade e poupado a própria vida. Todavia, ela fez o que havia sido influenciada a fazer.

Muitas vezes, permitimos que as escolhas dos outros influenciem nossas tomadas de decisão a tal nível que terminamos pecando contra nós mesmos. Às vezes, isso até surge de um coração cheio de amor por aqueles que estão nos influenciando, mesmo que estejam nos afastando da vontade de Deus. Eu não ligo para o quanto você ama seu cônjuge, pais, ou parentes, se esse amor o influencia para desobedecer a Deus. Em nenhum momento seu amor por eles deve desviá-lo para aquilo que está fora da vontade revelada de Deus (Mateus 10:36-37; Lucas 14:26). Se você acaba culpando-os por tudo, vai ter de suportar sozinho as consequências. Você deve amar a Deus mais do que a seu cônjuge. Deve amar a Deus mais do que a seus pais. Deve amar a Deus mais do que a seus filhos. Deus é a autoridade máxima sobre todos. No momento que você permitir que outra pessoa tome o lugar de Deus, você perdeu o juízo.

E ao homem declarou:

> Visto que você deu ouvidos à sua mulher e comeu do fruto da árvore da qual ordenei a você que não comesse, maldita é a terra por sua causa; com sofrimento você se alimentará dela todos os dias da sua vida (Gênesis 3:17).

O comportamento sem amor gera consequências duradouras.

O certo é o certo. E o errado é o errado. Seja lá quem for que o persuada a fazer, agir, falar ou se comportar de modo injusto. Você é responsável por cada decisão que toma e por toda vez viola o mandamento de Deus de amá-lo sobre todas as coisas, e de depois amar ao próximo. (Veja 1Coríntios 13:4-7 para uma descrição bíblica do amor.) As consequências das decisões pertencem a você. O comportamento sem amor gera consequências duradouras.

A chave para discernir como vencer as características hereditárias e o DNA espiritual negativo transferido a você é entender o poder do que foi passado enquanto aceita ao mesmo tempo a responsabilidade pessoal pelas suas escolhas. Quando Deus diz em Deuteronômio 24:16: "Os pais não serão mortos em lugar dos filhos, nem os filhos em lugar dos pais; cada um morrerá pelo seu próprio pecado", Ele revela nossa própria responsabilidade que vêm com a dádiva do livre-arbítrio. Embora seja lá o que você ou eu estejamos lutando para superar tenha se originado da linhagem familiar, Deus ainda escolhe se relacionar com cada um de nós individualmente. É por isso que não estou usando a expressão "maldição hereditária", mas sim "influências hereditárias negativas". Uma maldição é algo negativo que é transmitido diretamente, mas uma influência é algo que você tem a opção de aceitar ou rejeitar.

Como vimos ao longo deste livro e nas Escrituras, a natureza espiritual do pecado inclui as influências demoníacas. Quando a esfera demoníaca percebe que você adotou um comportamento geracional destrutivo, ele se acopla nessa decisão para exacerbar ainda mais o comportamento em sua vida. Um meio de os demônios agirem assim é fazê-lo acreditar na mentira que você está sob uma maldição, em vez de acreditar que adotou um padrão que traz com ele consequências. Uma razão pela qual é tão difícil nos livrarmos de hábitos pecaminosos que absorvemos e adotamos de nossos antepassados é porque a esfera demoníaca amplia a mentalidade de maldição e a de vítima, tanto que muitas pessoas começam a acreditar que simplesmente não são capazes de mudar.

Você é livre. Você pode fazer escolhas. Você pode quebrar o ciclo.

Esse temperamento, discussão, sensibilidade, dívida, pornografia, bebida, desarmonia no relacionamento, falta de propósito, ou seja, o que for que você enfrente — você pode se libertar disso. Você pode ter herdado uma tendência a esses comportamentos do seu DNA espiritual, junto daquilo que lhe foi ensinado, mas isso não é uma maldição. Jesus quebrou o poder das maldições sobre sua e minha vida ao sofrer a maldição em nosso lugar. O livro de Gálatas explica claramente:

> Já os que se apoiam na prática da Lei estão debaixo de maldição, pois está escrito: "Maldito todo aquele que não persiste em praticar todas as coisas escritas no livro da Lei". É evidente que diante de Deus ninguém é justificado pela Lei, pois "o justo viverá pela fé". A Lei não é baseada na fé; ao contrário, "quem praticar estas coisas por elas viverá". Cristo nos redimiu da maldição

da Lei quando se tornou maldição em nosso lugar, pois está escrito: "Maldito todo aquele que for pendurado num madeiro". Isso para que em Cristo Jesus a bênção de Abraão chegasse também aos gentios, para que recebêssemos a promessa do Espírito mediante a fé (Gálatas 3:10-14).

Com a Lei de Deus veio a maldição e as consequências. A Lei nunca deu uma solução. Na verdade, tudo que a Lei pode fazer é nos mostrar o problema. Ela não foi feita para consertar o problema. As regras de Deus mostravam-nos o que estava errado, mas não dava a habilidade de fazer o que era certo. Elas pretendiam expor, mas não libertar.

Muitos têm o conceito errôneo de como abordar as regras de Deus. As leis de Deus, ou seus mandamentos, devem ser abordadas como um espelho. O espelho mostra o que há de errado com você. Ele mostra o que precisa remover do seu rosto, ou se deve pentear o cabelo, ou o que deve ser arrumado um pouquinho antes de sair de casa. Sem um espelho, não seria capaz de ver como você é ou de arrumar o que talvez esteja fora de lugar.

Da mesma forma, as leis revelam o estado pecaminoso no qual estamos. A lei não remove o pecado, ao contrário, ela o revela (Romanos 3:20). Mas muita gente vai até as leis para consertar o problema. É um total abuso da Lei. É por isso que as soluções nunca dão certo. As promessas não funcionam. As rededicações não funcionam. Claro, elas devem funcionar por um tempo, mas geralmente seu entusiasmo e força de vontade vão se esgotar. A menos que haja uma transformação interior, nada vai mudar a longo prazo.

Na passagem que lemos, Paulo nos faz saber que o melhor que a Lei pode fazer é nos condenar. Ela veio com uma maldição. Mas é Jesus quem nos liberta. Na cruz, Jesus venceu Satanás. Foi Jesus que, "tendo despojado os poderes e as autoridades, fez deles um espetáculo público, triunfando sobre eles na cruz" (Colossenses 2:15). Jesus quebrou a maldição. O diabo não pode obrigá-lo a fazer absolutamente nada. Satanás não pode ameaçá-lo. Sim, você pode ter herdado as características ou as disposições negativas, mas você tem o direito e a habilidade (pelo poder do Espírito de Cristo em você) de dar meia-volta e seguir por outro caminho.

Satanás não quer que você saiba disso. Ele quer que você creia que está preso. Ele quer que você se sinta preso para ficar aprisionado sem que ele tenha que levantar um dedo. Você não está preso. Você tem o direito, a capacidade e a liberdade de escolher seus pensamentos, palavras, ações e crenças.

No entanto, quando Jesus quebrou a autoridade de Satanás e a maldição da Lei sobre você, Ele ainda não removeu de Satanás o seu poder. Satanás e seus demônios ainda têm poder e eles procuram exercer esse poder de modo a enganar as pessoas, fazendo-as pensar que, com esse poder, eles têm autoridade. Mas a autoridade de Satanás foi retirada. Você é livre em Cristo. Você não vive sob uma maldição hereditária, embora possa estar vivendo consequências hereditárias devido a influências geracionais negativas.

A boa notícia é que pode parar e reverter as consequências hereditárias quando quiser. Você decide. A palavra de Deus nos diz que a morte e a ressurreição de Jesus Cristo quebraram a maldição da Lei para que Deus possa nos dar seu Espírito. É o papel do Espírito em sua vida, uma vez que você aceitou Jesus Cristo como seu Salvador, trazer a vida da Lei. É pela transformação. Quanto mais é permitido ao Espírito influenciar seus pensamentos e sua vontade, mais alinhado com a regra universal do amor você estará. Isso porque, à medida que o Espírito cresce em você, você torna-se mais semelhante a Ele. Você reflete seu caráter. Paulo coloca dessa forma em Gálatas 5:22-26:

> Mas o fruto do Espírito é amor, alegria, paz, paciência, amabilidade, bondade, fidelidade, mansidão e domínio próprio. Contra essas coisas não há lei. Os que pertencem a Cristo Jesus crucificaram a carne, com as suas paixões e os seus desejos. Se vivemos pelo Espírito, andemos também pelo Espírito. Não sejamos presunçosos, provocando uns aos outros e tendo inveja uns dos outros.

Paulo nos descreve com o que a vida se parece quando caminhamos sob a influência do Espírito. Ele descreve o fruto. Fruto é um termo interessante de se usar porque, segundo consta, ele não se empenha para ser fruto. O fruto não se esforça, faz manobras ou estabelece metas para ser fruto. O que faz ele ser um fruto? Ele apenas permanece na árvore que o gera. Ele se torna um fruto ao permanecer ligado à fonte de vida. Você e eu vamos refletir o caráter do Espírito quando permanecermos nele. Você se libertará das consequências da carne quando escolher permanecer mais próximo do Espírito como sua fonte em vez de ficar próximo das pessoas que o cercam ou de ancestrais que influenciaram você.

Se voltarmos alguns versículos na passagem que acabamos de ler em Gálatas 5, Paulo explica como se libertar das influências hereditárias negativas. Isso ocorre pelo processo conhecido como andar no Espírito. Ele diz:

> Por isso digo: Vivam pelo Espírito, e de modo nenhum satisfarão os desejos da carne. Pois a carne deseja o que é contrário ao Espírito; o Espírito, o que é contrário à carne. Eles estão em conflito um com o outro, de modo que vocês não fazem o que desejam. Mas, se vocês são guiados pelo Espírito, não estão debaixo da Lei (Gálatas 5:16-18).

Basicamente, você tem de substituir as influências hereditárias negativas pela influência positiva e eterna do Espírito Santo. Quando escolhe agir assim, você está convidando o fruto do Espírito a se manifestar em sua vida. Quando você caminha, simplesmente coloca um pé na frente do outro. Caminhar jamais envolve ficar parado. Se você não está se movendo, não está caminhando. Por que menciono isso? Porque muitos pedem a Deus para ajudá-los a se libertar das influências hereditárias negativas e das consequências, mas ao mesmo tempo recusam-se a fazer qualquer coisa a respeito.

Andar no Espírito é se mover. No momento que o comportamento negativo entra em sua cabeça — o desejo de praguejar, abrir um aplicativo imoral, entrar em contato com aquele indivíduo que você não devia gastar mais tempo, humilhar ou desprezar um parente, ou seja lá o que for —, você deve se mover. Deve tomar a decisão para ir na direção oposta. Caminhar envolve um movimento contínuo. Ninguém que faz trilha jamais começou uma trilha e deu apenas alguns passos. Fazer trilha significa que você está andando pelo caminho. Da mesma forma, caminhar no Espírito significa escolher movimentar-se na direção do Espírito. Significa dar passos intencionais para agradar a Deus e se arrepender dos seus pecados, enquanto depende do poder do Espírito Santo. Isso aciona a atuação do Espírito em seu interior.

Quem anda no Espírito convida o poder do Espírito para afastar a tentação ou as influências hereditárias negativas pessoais presentes em sua vida. Se a mesma tentação ou padrão de comportamento negativo surgir de novo uma hora depois, aí você anda no Espírito mais uma vez. Continue agindo assim até você estar bem longe dos caminhos que amarram sua alma e sua *psique* para que possa caminhar verdadeiramente livre em amor.

Será que é hora de quebrar o ciclo? Quer deixar um legado melhor para seus descendentes nesta vida? Quer ser livre dos padrões negativos de mentalidade ou comportamento que o mantiveram atolado no pecado e começar novos ciclos de santidade, justiça, satisfação e paz? Se você respondeu sim para quaisquer dessas perguntas, então você já deu o primeiro passo. Fez a escolha de desejar algo maior do que as realidades pecaminosas que Satanás procura lançar no seu caminho. Você pode quebrar o ciclo, deixar um legado piedoso e ser liberto dos padrões negativos de mentalidade ou comportamento. Você faz isso ao andar no Espírito sob a lei do amor. Ao fazer assim, você terá quebrado as cadeias da influência hereditária negativa em sua mente, coração e vontade (Ezequiel 33:14-15; Zacarias 1:2-4).

CAPÍTULO 9

Revertendo as consequências da discriminação

O assunto da discriminação nem é tão preto no branco como talvez você pense. Sim, geralmente ligamos o assunto ao tópico da raça. E nos EUA, a narrativa racial sempre enfoca a população afro-americana e a população branca. Mas, assim como a discriminação acontece e aconteceu nesta parte da nossa cultura, ela também ocorre em muitas outras áreas.

Tome a questão de gênero, por exemplo. As mulheres geralmente se veem enfrentando um número de fatores discriminatórios relacionados ao trabalho, aos relacionamentos e aos valores reconhecidos — até na igreja. As pessoas também podem ser discriminadas contra nossa cultura contemporânea devido aos seus sistemas de crenças. Outros grupos culturais minoritários também são discriminados de várias formas.

Os alunos universitários que procuram manter a crença no criacionismo vão enfrentar a discriminação de professores que investem em doutrinar uma cosmovisão totalmente diferente. As visões teologicamente conservadoras e quem as mantém são ainda mais discriminadas que antes. Os negociantes agora devem nadar sobre a linha tênue entre suas crenças pessoais e valores e o que a cultura considera que eles devem crer e valorizar por meio das suas decisões comerciais. Até as igrejas estão se encontrando sob muita discriminação nas áreas nas quais a cultura diz ser o politicamente correto ou não.

A discriminação também desponta entre os ricaços e os pobretões, seja lá qual for a cor da pele. Sei por experiência que a assistência médica adequada e o acesso aos tratamentos mais recentes e avançados são muito importantes quando você ou um parente sofre de uma doença crônica ou séria. O acesso ao melhor da assistência médica pode fazer uma situação terrível ser mais suportável e talvez até prolongue o tempo de vida de um paciente que foi diagnosticado como doente terminal. E mesmo assim, a maioria que entra na categoria de pobretões não tem acesso à assistência médica especializada. Os EUA talvez ofereçam muito quando se trata de avanço, mas nem todos têm a oportunidade de se beneficiarem dele.

Até na área da educação a discriminação faz distinção entre quem tem a habilidade de realmente progredir. O distrito ou a área que uma criança mora terá um impacto significativo em como essa criança será bem-posicionada no momento que ele ou ela atingir a idade adulta.

A discriminação segrega. Ela sempre busca causar divisão. A discriminação serve como ferramenta de Satanás para manter uma grande parte da sociedade oprimida, deprimida e carente.

Deus tratou desse assunto ao longo das Escrituras. Isso nem sempre é chamado especificamente de "discriminação". Às vezes é chamado de "parcialidade". Significa demonstrar favoritismo ou fazer distinções com base na preferência. Também conhecemos como "elitismo".

> *A discriminação serve como ferramenta de Satanás para manter uma grande parte da sociedade oprimida, deprimida e carente.*

Mas seja qual for o termo adotado, a Palavra de Deus é clara ao dizer que isso é errado. E a Palavra de Deus deve sempre falar mais alto do que a história, a formação, a cultura, a raça e o gênero ao dizer como devemos tratar uns aos outros. Tiago 2 explica como nosso coração deve se posicionar com os ricos e os pobres. É uma passagem longa, mas, por favor, não passe batido por ela se já a leu anteriormente. Leia devagar essas verdades e deixe-as entrar em você. Está escrito:

> Meus irmãos, como crentes em nosso glorioso Senhor Jesus Cristo, não façam diferença entre as pessoas, tratando-as com parcialidade. Suponham que, na reunião de vocês, entre um homem com anel de ouro e roupas finas e também entre um pobre com roupas velhas e sujas. Se vocês derem atenção especial ao homem que está vestido com roupas finas e disserem: "Aqui está um lugar apropriado para o senhor", mas disserem ao

pobre: "Você, fique em pé ali", ou: "Sente-se no chão, junto ao estrado onde ponho os meus pés", não estarão fazendo discriminação, fazendo julgamentos com critérios errados?

Ouçam, meus amados irmãos: Não escolheu Deus os que são pobres aos olhos do mundo para serem ricos em fé e herdarem o Reino que ele prometeu aos que o amam? Mas vocês têm desprezado o pobre. Não são os ricos que oprimem vocês? Não são eles os que os arrastam para os tribunais? Não são eles que difamam o bom nome que sobre vocês foi invocado?

Se vocês de fato obedecerem à lei do Reino encontrada na Escritura que diz: "Ame o seu próximo como a si mesmo", estarão agindo corretamente. Mas, se tratarem os outros com parcialidade, estarão cometendo pecado e serão condenados pela Lei como transgressores. Pois quem obedece a toda a Lei, mas tropeça em apenas um ponto, torna-se culpado de quebrá-la inteiramente (v. 1-10).

Toda essa parte das Escrituras trata de um fator: discriminação. A discriminação ilegítima é a promoção da prática profana e injusta de distinções entre indivíduos e grupos com base em critérios errôneos. Tiago escreveu especificamente sobre um espírito de elitismo. A questão que ele e a igreja primitiva enfrentavam na época era ver o rico como sendo mais importante do que o pobre.

Tiago corrige essa mentalidade, e vemos Jesus corrigi-la também no relato dos ricos e da viúva. Lemos sobre o assunto em Marcos 12:

> Jesus sentou-se em frente do lugar onde eram colocadas as contribuições e observava a multidão colocando o dinheiro nas caixas de ofertas. Muitos ricos lançavam ali grandes quantias. Então, uma viúva pobre chegou-se e colocou duas pequeninas moedas de cobre, de muito pouco valor. Chamando a si os seus discípulos, Jesus declarou: "Afirmo que esta viúva pobre colocou na caixa de ofertas mais do que todos os outros. Todos deram do que lhes sobrava; mas ela, da sua pobreza, deu tudo o que possuía para viver" (v. 41-44)

Jesus não criou uma falsa distinção e discriminou a pequena oferta da viúva. Ele viu o coração dela e ali soube que aquela oferta era bem mais valiosa do que a dos outros, porque era tudo que ela tinha para sobreviver.

O elitismo envolve exaltar a si mesmo enquanto você humilha outra pessoa. Além de ser um espírito de orgulho, conduz a um maltrato e abuso dos outros. Tiago questiona essa prática: "não estarão fazendo discriminação, fazendo julgamentos com critérios errados?" (2:4). Ele chega ao cerne ao revelar que a motivação não bíblica para a discriminação é nada menos do que maligna. Não é só errada. Não é um erro. A discriminação — por qualquer razão — é maligna.

É isso que Tiago revelou na passagem que lemos anteriormente. A questão era quem ia se sentar em determinado lugar. Quando aqueles na igreja primitiva queriam reservar lugares para os membros ricos na frente, onde eles seriam vistos e estariam confortáveis, enquanto deixavam os membros pobres em qualquer outro lugar, Tiago chamou pelo que era: discriminação vinda do próprio inferno. Qualquer razão que faça distinções ilegítimas vem de um espírito de engano e é pecado.

Agora, antes de prosseguirmos com esse assunto, quero lembrá-lo de que nem toda discriminação é errada. É dito para nós que devemos distinguir entre a verdade e o engano. Para distinguir entre a justiça e a injustiça. A discriminação entre a pureza e a maldade com base em um padrão divino é parte de viver em obediência a Deus. Mas a discriminação que julga, usa, manipula, rejeita, desvaloriza, ou abusa de outro ser humano feito à imagem de Deus é maligna.

O que fizemos no corpo de Cristo é que pegamos as atitudes do mundo e as trouxemos para dentro do reino de Deus. A discriminação é errada, ainda que seja permitida ou autorizada pelo governos humanos, pois continua sendo ainda uma afronta a Deus. Tiago desafia os crentes em sua época, declarando que eles estão, na verdade, envergonhando o glorioso nome do nosso Senhor Jesus Cristo com o favoritismo e distinção pessoal deles. A lei de Deus é amar ao próximo como a nós mesmos (Gálatas 5:14), isso significa que não pode haver discriminação contra os outros. O favoritismo e a opressão são tão prejudiciais que as Escrituras condenam abertamente a parcialidade em vários trechos. Aqui estão alguns:

> Pois o SENHOR, o seu Deus, é o Deus dos deuses e o Soberano dos soberanos, o grande Deus, poderoso e temível, que não age com parcialidade nem aceita suborno (Deuteronômio 10:17).

> Então Pedro começou a falar: "Agora percebo verdadeiramente que Deus não trata as pessoas com parcialidade" (Atos 10:34).

> Não cometam injustiça num julgamento; não favoreçam os pobres nem procurem agradar os grandes, mas julguem o seu próximo com justiça (Levítico 19:15).

> Por isso eu fiz que fossem desprezados e humilhados diante de todo o povo, porque vocês não seguem os meus caminhos, mas são parciais quando ensinam a Lei (Malaquias 2:9).

> Não há judeu nem grego, escravo nem livre, homem nem mulher; pois todos são um em Cristo Jesus (Gálatas 3:28).

> Pois em Deus não há parcialidade (Romanos 2:11).

O modo de tratar as pessoas revela como você vê Deus. A discriminação ilegítima revela um espírito obscurecido em relação a Deus porque a humanidade é feita à sua imagem. Quando você toca uma nota errada no piano, desarmoniza a música inteira.

Quando há uma mancha apenas em uma parte da camisa, você tem de lavar a camisa toda. Quando se tem uma rachadura no para-brisa, você diz que o vidro está quebrado porque aquela rachadura estragou tudo e você tem de substituir o para-brisa inteiro. Da mesma forma, quando se viola uma área da lei de Deus sobre o amor, você violou toda a lei de Deus (Tiago 2:10). Você afrontou o reino de Deus diante de toda a humanidade e enviou ondas de choque de discórdia em vez de unidade.

Visto que este livro trata de como vencer as consequências do comportamento negativo (sejam feitas por ou para você), não vou gastar muito tempo nos vários tipos de discriminação. Muitos de nós ou fomos discriminados ou discriminamos outra pessoa. Infelizmente, muitos vivenciamos ambos. Então, se precisa reverter os resultados da discriminação trazidos contra você ou se precisa se arrepender de sua própria parcialidade com os outros, passando a tratar as pessoas igualmente em amor, o roteiro para a justiça pessoal (dada ou recebida) é marcado pelo amor.

As áreas de discriminação incluem raça, gênero, crença, política, cultura, preferências e até idade. A desvalorização profana de qualquer pessoa é errada. Deus valoriza cada um igualmente. Quando se trata do reino de Deus, a Bíblia é clara que somos todos feitos à imagem dele. Subestimar, ignorar, rejeitar ou subutilizar alguém simplesmente por causa da cor, do gênero, da idade, da classe social, da educação ou da personalidade é pecado. Até julgar as pessoas porque elas têm preferências diferentes da sua é pecado. O capítulo inteiro de Romanos 14 lida com a discriminação. Julgar alguém porque ele não gosta do que você gosta ou gosta do que você não gosta é pecado. E lembre-se, o pecado sempre vem com consequências. As pessoas têm o direito de ser diferente de você. Você tem o direito de ser diferente dos outros. Os apóstolos eram diferentes uns dos outros. Se Deus quisesse que todos fôssemos iguais, Ele nos teria feito iguais.

Além disso, as pessoas estão em caminhos diferentes quando se trata de crescimento espiritual. Não estamos no mesmo nível espiritual de maturidade. Julgar alguém por falta de sabedoria em relação a uma área na qual talvez você já aja com sabedoria é, na verdade, falta de sabedoria porque isso é pecado. Não vou incluir o capítulo inteiro de Romanos 14 aqui, mas eu o incentivo a lê-lo todo Você entenderá o conceito por detrás das Escrituras nestes versículos:

> Aceitem o que é fraco na fé sem discutir assuntos controvertidos. Um crê que pode comer de tudo; já outro, cuja fé é fraca, come apenas alimentos vegetais. Aquele que come de tudo não deve desprezar o que não come, e aquele que não come de tudo não deve condenar aquele que come, pois Deus o aceitou.
>
> Portanto, você, por que julga seu irmão? E por que despreza seu irmão? Pois todos compareceremos diante do tribunal de Deus. Portanto, deixemos de julgar uns aos outros. Em vez disso, façamos o propósito de não pôr pedra de tropeço ou obstáculo no caminho do irmão.

Não destrua a obra de Deus por causa da comida. Todo alimento é puro, mas é errado comer qualquer coisa que faça os outros tropeçarem. É melhor não comer carne nem beber vinho, nem fazer qualquer outra coisa que leve seu irmão a cair. Assim, seja qual for o seu modo de crer a respeito destas coisas, que isso permaneça entre você e Deus. Feliz é o homem que não se condena naquilo que aprova. Mas aquele que tem dúvida é condenado se comer, porque não come com fé; e tudo o que não provém da fé é pecado (Romanos 14:1-3, 10, 13, 20-23).

Nessa passagem, Paulo nos lembra de que algumas pessoas preferem certas coisas e a consciência delas permite essa preferência. As pessoas são diferentes e devemos permitir que a liberdade seja diferente, porque onde existe divisão ilegítima, também existe o julgamento divino. A discriminação ilegítima (julgar os outros) atrai a ira divina. A divisão promove o caos. O caos prevalente em toda nossa cultura reflete o espírito de divisão que Satanás tem sido autorizado a promover. Toda vez que nos desviamos dos mandamentos de Deus sobre a unidade (de propósito) estamos servindo a outro reino. Estamos promovendo o reino do próprio Satanás.

A divisão promove o caos.

Gálatas 5:14 diz que toda a lei pode ser resumida neste único conceito: "Ame o seu próximo como a si mesmo". Em Tiago 2, a passagem que vimos no começo deste capítulo, Tiago refere-se a essa lei de amor como "a lei real" (v. 8). É o mandamento supremo que governa nosso coração, pensamentos, palavras e ações. Real significa do reino. A lei do amor e, dessa forma, a unidade são reais porque vêm do Rei. É a sobreposição do próprio coração dele sobre o nosso. O amor é a regra principal que une todos os mandamentos. Eu defino o amor como atender às necessidades dos outros com compaixão, justiça e responsabilidade. Inclui buscar o bem-estar do próximo — seja esse bem-estar emocional, físico, psicológico, educacional, espiritual, tangível etc.

A reversão dessa lei do amor significa buscar seu próprio bem-estar, acima e além dos outros. Pode até incluir buscar às custas dos outros. A totalidade da desobediência e rebelião pode ser resumida pela divisão, que vem mediante o ódio, a discriminação, o orgulho, o elitismo e a opressão. Ela fomenta desunião, conflito, medo e ansiedade. Também causa consequências negativas divinas sobre indivíduos, famílias, igrejas e comunidades.

O amor gera harmonia, paz, justiça, tranquilidade e cooperação, e traz a bênção divina. Como você trata os outros desempenha um papel em como você é tratado por Deus. É um princípio ao qual muitas vezes me refiro a viver como Jesus na horizontal. O que você faz na horizontal com os outros vai geralmente impactar o que Deus faz na vertical na comunhão dele com você. É o princípio do bumerangue que lemos em Lucas 6:38, que diz: "Deem e será dado a vocês: uma boa medida, calcada, sacudida e transbordante será dada a vocês. Pois a medida que usarem também será usada para medir vocês".

O que muitos não percebem nessa passagem é que o que você dá é muito importante. Porque aquilo que você der voltará para você. Dessa forma, se você precisa de algo — dê. Se precisa de restauração financeira, então dê para alguém que também precise. Se precisa de conexão nos relacionamentos, então busque meios que poderia fazer algo por alguém que também está solitário (talvez um idoso em um asilo). O efeito bumerangue do que você faz voltará para você.

Falo em profundidade a respeito desse assunto no meu livro *Experiencing God Together: How Your Connection with Others Deepens Your Relationship with God* [Experimentando Deus juntos: como sua conexão com os outros aprofunda seu relacionamento com Deus]. Nele explico como muitas pessoas olham para Deus para corrigir ou reverter as situações negativas na vida delas, mas não conseguem perceber como Deus deseja usá-las para também ministrar aos outros. Afinal de contas, devemos ser as mãos e os pés de Jesus (2Coríntios 5:18-19).

Muitos clamam a Deus para que Ele faça por nós o que Ele nunca vai fazer porque Ele vê o que fazemos — e não fazemos — aos outros. Ele vê nosso elitismo, classismo, gênero, racismo ou discriminação evidente com base em preferências ou personalidades. Deus já deixou claro que Ele não é um Deus de parcialidade, então quando escolhemos viver nossa vida com favoritismo a certas pessoas e com desdém para outras, escolhemos violar seu mandamento de amor. Nossa rebelião só pode repercutir nas consequências dela mesma.

Viver em alinhamento sob a lei real do amor libera a vida de volta para você. Libera a alegria. Libera a liberdade, o valor, a estima e a oportunidade. Abençoar os outros abre as comportas do céu para Deus abençoar você. Deuteronômio 24 apresenta a relação de causa e efeito desta forma:

> Quando um de vocês fizer um empréstimo de qualquer tipo ao seu próximo, não entre na casa dele para apanhar o que ele oferecer a você como penhor. Fique do lado de fora e deixe que o homem, a quem você está fazendo o empréstimo, traga a você o penhor. Se o homem for pobre, não vá dormir tendo com você o penhor. Devolva-lhe o manto ao pôr do sol, para que ele possa usá-lo para dormir, e lhe seja grato. Isso será considerado um ato de justiça pelo Senhor, o seu Deus.
>
> Não se aproveitem do pobre e necessitado, seja ele um irmão israelita ou um estrangeiro que viva numa das suas cidades. Paguem-lhe o seu salário diariamente, antes do pôr do sol, pois ele é necessitado e depende disso. Se não, ele poderá clamar ao Senhor contra você, e você será culpado de pecado.
>
> Quando vocês estiverem fazendo a colheita de sua lavoura e deixarem um feixe de trigo para trás, não voltem para apanhá-lo. Deixem-no para o estrangeiro, para o órfão e para a viúva, para que o Senhor, o seu Deus, os abençoe em todo o trabalho das suas mãos (14:1-3, 19, 13, 20-23).

Entendeu a frase no final da passagem? Diz que essas coisas eram feitas "para que o Senhor, o seu Deus, os abençoe em todo o trabalho das suas mãos". Quando ajudamos os outros, estamos verdadeiramente também nos ajudando. O modo que Deus se relaciona com você e comigo está ligado ao modo como nos relacionamos com os outros. A discriminação não é só um pecado contra outra pessoa. Quando escolhe demonstrar favoritismo ou discriminar alguém, você está fazendo isso para seu prejuízo próprio. Se deseja que Deus o abençoe, você precisa abençoar os outros. Principalmente aqueles que não podem pagá-lo de volta.

Jesus se expressa desta forma:

> Mas, quando der um banquete, convide os pobres, os aleijados, os mancos e os cegos. Feliz será você, porque estes não têm como retribuir. A sua recompensa virá na ressurreição dos justos (Lucas 14:13-14).

E para que você não abandone essa verdade em favor de benefícios míopes e passageiros, pensando que o céu está distante demais para você se preocupar nesse exato momento, por favor, saiba que você não só receberá as recompensas na eternidade, mas também agora (Marcos 10:29-31). Você recebe ambos. Mas isso está ligado ao modo com que você trata os outros. A discriminação contra os outros, independentemente da razão, vai levá-lo à destruição pessoal. Um amor puro, que valoriza e estima a todos, vai levá-lo a uma vida de recompensa.

Nunca se esqueça de que a Bíblia diz que alguns acolheram anjos sem mesmo saber (Hebreus 13:2). Seu tratamento em relação aos outros é um teste decisivo do seu coração para Deus. O amor de Deus pelos pobres e necessitados é imenso. Ele é um Deus de libertação. Ele se importa com os oprimidos. Na verdade, é dito que Ele abençoa o pobre com uma grande fé. Como vimos anteriormente quando demos uma olhada em Tiago 2:5: "Ouçam, meus amados irmãos: Não escolheu Deus os que são pobres aos olhos do mundo para serem ricos em fé e herdarem o Reino que ele prometeu aos que o amam?".

Entendo que você possa ter enfrentado discriminação ao longo da vida e como isso dói. Confie em mim, eu sei como é a discriminação. Sei como é ter um professor universitário onde estudei dizer que não posso ir à igreja dele por causa da cor da minha pele. Tive portas fechadas na minha cara literalmente quando aqueles que reivindicavam conhecer e servir a Cristo diziam que eu e minha esposa não éramos bem-vindos para adorar na igreja. Fui ignorado, subestimado, julgado, menosprezado, entre outras coisas.

Pior ainda, tive de sentir meus filhos passar por isso também enquanto cresciam. Uma vez, quando minha filha Priscilla era a única afro-americana na torcida, uma das mães deu uma festa para a filha dela e convidou todas as meninas, menos

Seu tratamento em relação aos outros é um teste decisivo do seu coração para Deus.

Priscilla. Sabemos o que é discriminação pessoalmente. Posso sentir seu sofrimento se a sua história se parece com a minha de qualquer forma, devido a quaisquer coisas que estão fora do seu controle imediato, tais como classe social, gênero, educação, raça etc. Apesar do sofrimento que você ou eu passamos, ainda iremos prestar contas diante de Deus se já discriminamos outra pessoa. Não se pode colocar a culpa naquilo que fora feito com você como uma desculpa pelo que você faz aos outros. As consequências que surgem em sua vida por causa de qualquer tratamento opressivo ou preferencial que demonstrou aos outros são todas suas, e você vai suportá-las sozinho. Da mesma forma, as bênçãos que surgiram na sua vida devido ao amor e à justiça que você demonstrou aos outros são suas para viver e desfrutar.

Tiago conclui seu resumo anterior sobre discriminação ao dizer: "Porque será exercido juízo sem misericórdia sobre quem não foi misericordioso. A misericórdia triunfa sobre o juízo!" (Tiago 2:13). O julgamento será sem misericórdia para quem discrimina. Quando se vive tão autocentrado, a Palavra de Deus diz que o julgamento será sem misericórdia quando chegar a hora de prestar contas da sua vida (Mateus 12:36). Se faz parte do seu procedimento pisar nos outros, então quando perceber o quanto precisa urgentemente de misericórdia, só acabará encontrando juízo para si mesmo. Quando precisar de alguém para protegê-lo, não haverá ninguém. Quando estiver na posição de implorar por misericórdia, será tarde demais. Isso ocorre porque Deus olha para sua "cota de misericórdia" para determinar o quanto conceder a você. Ele observa o quanto você amou bem ao próximo feito à sua imagem para estabelecer o fluxo de sua própria misericórdia e bênção. Isso se aplica nesta vida e na vida eterna.

Quando você e eu chegarmos ao céu, teremos de prestar conta de tudo que fizemos. Deus vai exibir o filme da nossa vida, por assim dizer. Ele vai avaliar nossas palavras, boas ações, pensamentos e atos. O que fizemos vai determinar o nível de recompensa (ou a falta dela) que receberemos. Lembre-se, o que você faz não tem relação com o fato de entrar no céu. A sua salvação está baseada somente no sangue de Jesus Cristo por meio da expiação sacrificial dele. Mas o que você fez nesta terra vai desempenhar uma grande parte na recompensa — ou a perda dela — no céu.

Agora, você pode querer pular esta parte. Mas a Bíblia é clara quanto ao fato de que todos prestaremos contas no tribunal de Cristo. Nenhum de nós vai escapar. Cada um de nós irá se sentar com o Senhor e rever sua vida. O que o versículo que acabamos de ver em Tiago 2:13 diz é que se você negou amor e misericórdia aos outros, será julgado sem dó nem piedade. Mas se você demonstrou amor por meio da justiça, do comportamento e das palavras não discriminatórias, receberá misericórdia.

Como lemos em 1Pedro, essa misericórdia pode se aplicar até mesmo aos nossos pecados. Isso é o que chamo de reversão! Isso é o que chamo de dar a meia-volta e reverter sua vida! Deus lhe dá as direções para agir assim. Você precisa se animar no *looping* do amor para dar a meia-volta e ir para a direção oposta à discriminação e divisão. As Escrituras relatam: "Sobretudo, amem-se sinceramente uns aos outros, porque o amor perdoa muitíssimos pecados" (1Pedro 4:8).

O amor perdoa os pecados. A misericórdia triunfa sobre o juízo. Deus procura pensamentos, palavras e ações remíveis em sua vida para mostrar misericórdia nas áreas em que você mais precisa. Ele quer demonstrar a você misericórdia tanto no tempo como na eternidade. Mas por Ele ser um Deus de amor, a misericórdia do Senhor está relacionada ao seu amor pelos outros. Monte seu portfólio de misericórdia ao amar os outros. Invista em seu próprio estado espiritual de ser, investindo nos outros. Derrote a discriminação e a divisão ao unir-se com os outros em amor.

Busque o bem-estar dos outros ao seu redor — principalmente daqueles que não têm ninguém para falar em favor deles (Provérbios 31:9; Salmos 82:3).

Quando você fizer disso sua paixão e padrão de vida, você terá se colocado no caminho para viver a plena manifestação de seu propósito divino. Você terá se posicionado para sentir a bondade de Deus na terra dos viventes (Salmos 27:13).

Você saberá o que significa ter a vida plena que Jesus veio dar, bem como conhecer sua misericórdia à medida que Ele reverte as consequências em sua própria vida.

CAPÍTULO 10

Revertendo as consequências financeiras

O vício do endividamento em nossa cultura contemporânea tornou-se uma nova forma de escravidão. A música de muitas pessoas quando acordam de manhã para irem ao trabalho é mais ou menos assim: "Eu vou, eu vou trabalhar agora, eu vou!" As pessoas herdaram um estilo de vida de dívidas. Ela é propagada e divulgada em todos os lugares — seja por meio de lojas, propagandas, redes sociais etc. O princípio de gastar antes de receber, ou até gastar mais do que recebe, tornou-se corriqueiro.

Foi classificado que existem três tipos de pessoas: os ricaços, os pobretões e os caloteiros. O último grupo cresceu exponencialmente nas últimas décadas. Por isso, as dívidas tornaram-se a nova força motriz em nossas decisões.

Pode parecer duro, mas as Escrituras chamam esse comportamento de escravidão das dívidas. Mastercard tornou-se Massácard e Visa agora significa: Vontade Incontrolável de Ser Aprisionado. Em Provérbios 22:7 lemos: "O rico domina sobre o pobre; quem toma emprestado é escravo de quem empresta". Ser escravo significa perder sua capacidade de escolha. Agora você é controlado por alguma força externa que decorre daquilo que faz. Quando a dívida é grande na vida de um indivíduo, ela pode ditar escolhas de vida importantes, como: onde trabalhar, o que fazer, o que comer e o que pode ser desfrutado.

O relato bíblico que servirá como pano de fundo para o que aprendemos neste capítulo em como reverter as consequências financeiras está em 2Reis 4. Nessa passagem, tomamos o conhecimento de uma mãe solteira que não podia mais pagar suas contas. Seu marido havia falecido e, como resultado, ela não conseguia se sustentar. Encontrando-se sujeita aos credores, ela havia entrado em estado de pânico.

Nos tempos bíblicos, os credores faziam bem mais do que atormentá-lo com telefonemas ou cartas de advertências. Eles tinham o direito de levar seu filho como escravo até a dívida ser quitada. Quando lemos 2Reis 4:1, temos um vislumbre de que foi exatamente isso que essa viúva estava enfrentando:

> Certo dia, a mulher de um dos discípulos dos profetas foi falar a Eliseu: "Teu servo, meu marido, morreu, e tu sabes que ele temia o Senhor. Mas agora veio um credor que está querendo levar meus dois filhos como escravos".

Essa mulher enfrentou um desafio insuperável. O marido dela morrera e agora ela estava prestes a perder os dois filhos para a escravidão. Dizer que ela precisava de uma reviravolta em sua vida, e rápido, seria desnecessário. A insegurança financeira levou à insegurança emocional e até física.

Quando as dívidas e a crise financeira aparecem em um lar, a família inteira pode ser afetada de várias maneiras. Muitos casais ou pais sabem o que é serem perturbados pelas contas. Como pastor, tenho a honra de aconselhar um bom número de casais. Tenho certeza de que não é surpresa para você, mas a razão número um do porque os casais buscam o aconselhamento conjugal tem a ver com a crise financeira. Quando a dívida ruge, geralmente ela ruge com tanta força que abre uma fenda no relacionamento.

Infelizmente, muitíssimas pessoas vivem pagando pelo passado em vez de se planejarem para o futuro. A insegurança financeira e as dívidas tornaram-se uma crise não só para indivíduos e famílias, mas também para nosso país e para o mundo.

Deixe-me ser totalmente claro enquanto começamos a ter nosso tempo juntos nesse assunto delicado: a dívida ilegítima devia ser anormal. A dívida ilegítima jamais deve ser a norma na vida de alguém, da família ou do país. Então, se você está cheio de dívidas e o seu salário não é suficiente para o mês inteiro, você está vivendo fora da vontade de Deus. Deus deixa bem claro em Salmos 37:21: "Os ímpios tomam emprestado e não devolvem, mas os justos dão com generosidade". A Palavra de Deus rotula como impiedade ter contas que você não pode pagar.

A dívida ilegítima devia ser anormal.

Agora, não ter dívidas não significa uma ausência de boletos. Não significa que não tenha um financiamento do automóvel ou hipoteca. Além disso, há momentos que acontecem coisas fora do nosso controle (como uma doença grave, desastres naturais etc.) que podem gerar uma dívida legítima. Mas as dívidas ilegítimas referem-se a ter mais boletos do que dinheiro para servir à dívida por causa da ganância, falta de contentamento, mal planejamento financeiro, ou ignorância dos planos de Deus para lidar com nossas finanças. Significa ter contas que você não pode pagar por causa das suas decisões tolas. Se você está regularmente com dívidas em atraso, então algo precisa ser corrigido.

Assim como a viúva enfrentou os credores, você também precisa de uma reversão. As suas consequências podem não parecer tão drásticas ou reais como as dela, mas lembre-se de que as consequências espirituais, emocionais, relacionais e até físicas se revelam geralmente em formas sutis. Além disso, elas são como um ciclo. Não abordar a situação das dívidas em sua vida seria completa tolice. É por isso que escolhi esse tema como um dos assuntos a serem analisados neste livro sobre como reverter alguns cenários em sua vida.

A lição principal que podemos aprender com a viúva em 2Reis 4 é que ela levou o seu problema ao profeta. Ela não foi ao banco. Ela não foi à financeira. Ela não procurou um empréstimo consignado. Não, ela relacionou as contas que possuía com a Palavra de Deus. Ela viu a ligação entre Deus e o dinheiro. É por isso que levou o problema ao profeta. Ou seja, ela buscou por uma solução espiritual para uma necessidade física. Ela precisava de Deus para intervir em suas circunstâncias e então buscou a direção do Senhor em vez de sua própria direção.

Tenho consciência de que muito do que prego e escrevo sobre como superar as emergências financeiras na vida esbarra diretamente nos obstáculos mentais. É difícil realizar uma reversão quando a rodovia está bloqueada. A razão pelo qual muitos de nós ficamos presos indo na direção errada em nossa vida financeira é porque temos sido tão enganados culturalmente sobre como devemos viver. A sociedade pintou um retrato magnífico de autossuficiência e satisfação dos desejos. Passou a ser normal viver devendo acima do seu padrão de renda. E já que se tornou normal, não vemos mais como o problema gritante que ele realmente é. Não reconhecemos as consequências negativas que surgem em nossa saúde, paz ou decisões.

É difícil resolver alguma coisa quando você não está ciente de que há algo para ser resolvido.

Mas para aqueles que estão cientes e desejam reverter as tendências negativas em sua vida financeira — bem como todas as consequências emocionais, físicas, espirituais e relacionais que sucederam dela —, Deus tem a resposta em sua Palavra. Ele tem a resposta tão clara para nós porque Deus deseja para mim e para você que vivamos muito bem nessa área da nossa vida. Na verdade, Ele nos disse que Ele vai nos recompensar quando desejarmos mudar. Quanto mais sabiamente administrarmos os recursos financeiros que Ele nos deu, mais Ele diz que dará. O oposto também é verdade. Descobrimos tanto a bênção quanto o alerta em Lucas 16 onde Jesus diz:

> Quem é fiel no pouco, também é fiel no muito, e quem é desonesto no pouco, também é desonesto no muito. Assim, se vocês não forem dignos de confiança em lidar com as riquezas deste mundo ímpio, quem confiará as verdadeiras riquezas a vocês? E se vocês não forem dignos de confiança em relação ao que é dos outros, quem lhes dará o que é de vocês? (v. 10-12).

Quando você é fiel em administrar o que Deus lhe deu, Ele diz que dará mais. Essa passagem refere-se a além do dinheiro, o princípio transcende. O problema atualmente é que muitos de nós não temos sido fiéis para administrar nosso tempo, talentos e, principalmente, nossos tesouros com sabedoria. Então, quando oramos a Deus pedindo mais, Ele responde direcionando-nos a sua Palavra que explica que precisamos ser bem mais responsáveis com o que temos antes de esperar mais.

Para ajudá-lo a administrar suas finanças com sabedoria e reverter os resultados negativos de uma má administração, quero dar-lhe três palavras de aconselhamento. Pode parecer simples para você. Pode parecer pequeno, sobretudo se estiver encarando uma montanha de dívidas. Mas se você aplicar essas três palavras e buscar honrar a Deus com suas finanças, Ele vai guiá-lo no caminho para que tenha, também, uma liberdade financeira maior. Faça o que puder com o que tem, bem onde você está. Comece agora, e aqui está a solução: dar, poupar e gastar. Se você colocar em prática completamente essas três palavras nesta ordem em suas escolhas financeiras, verá sua vida financeira mudar. O seu caminho para a liberdade financeira está completamente ligado a essas três palavras.

> *O seu caminho para a liberdade financeira está completamente ligado a essas três palavras.*

A primeira palavra toca no fundamento sobre o qual todo o restante é construído, já que estabelece reconhecer Deus como sendo a nossa Fonte. Infelizmente, hoje, nos círculos cristãos, estamos passando pela condição que chamo de "cirrose do doador". Embora os cristãos norte-americanos controlem mais de 70% da riqueza cristã do mundo, o cristão americano típico dá somente 2,5% de sua renda.[1] É estimado que menos de 20% de todos os cristãos dão o dízimo fielmente. E nos perguntamos por que estamos passando por tantas dificuldades financeiras, tensões e derrotas. Não conseguimos colocar em primeiro lugar as coisas mais importantes. Quando não conseguimos viver os princípios de Deus em relação à administração e, em particular, às doações, deixamos de colher as bênçãos de Deus em relação à recompensa e à provisão. Também deixamos a igreja sem os recursos do reino necessários para ter o impacto do reino que

---

1 https://nonprofitssource.com/online-giving-statistics/, "The Ultimate List of Charitable Giving Statistics for 2018" (A lista definitiva das estatísticas de doações beneficentes), acesso em 27 de janeiro de 2020.

Deus espera que seu povo tenha no mundo. Você não pode ser um ladrão espiritual e ao mesmo tempo esperar receber as bênçãos de Deus. A recompensa da liberdade financeira envolve honrar a Deus com suas finanças (Provérbios 3:9-10). Se você pular essa premissa básica, não importa mais o que fará. Deus tem uma tesoura e seus bolsos terão furos (Ageu 1:6). Eu tinha 22 anos quando aprendi esse princípio. Naquele tempo, tudo que eu ganhava era 350 dólares por mês. Não éramos apenas pobres, éramos "pobres de marré deci". No entanto, embora tudo o que eu ganhasse fosse 350 dólares por mês, antes de fazermos qualquer coisa, o dízimo de 35 dólares era dado a Deus, bem como uma oferta de 15 dólares em cima do valor. Ao dar o dízimo e ofertar a Deus, eu não estava simplesmente lhe dizendo que estava dando meu dinheiro, estava confessando que sabia que Ele era o dono e eu o mordomo e que tudo o que eu tinha era dele.

É um princípio tão simples que me surpreende o fato de muitas pessoas não acreditarem nele, não agirem por meio dele e ou se beneficiarem com ele. Deus não deixou sem sinalização a estrada para a reversão financeira nem para a vitória final. Ele colocou uma placa de sinalização, claramente marcada, e disse: "Entregue para mim, então eu protegerei, proverei e promoverei o que você fizer".

O primeiro passo para a recompensa da liberdade financeira é entregar. O próximo passo é poupar.

O segundo passo no caminho para vivenciar a recompensa da liberdade financeira envolve uma palavra desconhecida em muitos círculos hoje: poupar. As poupanças são o oposto das dívidas porque as poupanças são orientadas para o futuro, enquanto a dívida é orientada pelo passado. Poupar significa separar uma quantia para o amanhã, enquanto a dívida envolve pagar o que foi feito ontem. Infelizmente, cerca de 40% dos norte-americanos não possuem economias suficientes para cobrir uma emergência de 400 dólares.

Na verdade, os princípios bíblicos sobre dinheiro incluem não só poupar para si mesmo, mas também poupar para os seus descendentes. Lemos: "Quem zomba da instrução pagará por ela, mas aquele que respeita o mandamento será recompensado" (Provérbios 13:22). Você não deve apenas pensar em si mesmo em relação aos seus planos financeiros, também deve fazer planos para seus netos.

A maioria dos crentes hoje, no entanto, não poupou nem mesmo para os netos, porque não tiveram tempo para fazer isso pelos filhos e, pior ainda, não pouparam sequer para si mesmos. A maioria dos crentes está a um passo da falência.

A maior ilustração bíblica dos benefícios em poupar vem da vida de José. Os princípios que ele seguiu enquanto estava no Egito não apenas o abençoou, eles também abençoaram a família dele e toda a nação. Quando o faraó sofreu durante um sonho que não conseguia entender, que incluía sete vacas gordas e sete vacas magras, bem como sete anos de colheita farta e sete anos de escassez, José deixou para nós um dos maiores preceitos para a vitória financeira que poderíamos seguir sempre. Ele instruiu o faraó a tirar uma parte da abundância e estocar, para que quando chegasse a hora de o Egito e de as nações vizinhas passarem pela escassez, eles teriam um excedente ao qual recorrer. As Escrituras narram as instruções de José:

> O faraó também deve estabelecer supervisores para recolher um quinto da colheita do Egito durante os sete anos de fartura. Eles deverão recolher o que puderem nos anos bons que virão e fazer estoques de trigo que, sob o controle do faraó, serão armazenados nas cidades. Esse estoque servirá de reserva para os sete anos de fome que virão sobre o Egito, para que a terra não seja arrasada pela fome (Gênesis 41:34-36).

José alertou o faraó que separasse e guardasse durante os anos de fartura para que houvesse abundância para suprir as necessidades de todos nos anos de fome. Nunca se sabe quando você se depara com um mês, um ano, ou até uma década de fome. Muitas pessoas foram pegas desprevenidas quando a economia dos EUA teve um declínio econômico uma década atrás. Da mesma forma, fomos todos surpreendidos pelo recente coronavírus e pelas consequências econômicas subsequentes. Se você não aprendeu o princípio de viver uma vida financeira vitoriosa que inclui poupar para o futuro, é difícil sobreviver a tempos como esses.

Tanto dizimar como poupar devia ser algo automático que você prioriza sem questionar. Mesmo se tiver de começar apenas poupando uma quantia pequena, ainda assim você precisa poupar. Você precisa começar a desenvolver o hábito de poupar. Cultivar a virtude de dizer não para a gratificação imediata e sim para a estabilidade a longo prazo.

Muitos de nós não estamos poupando dinheiro porque atingimos o limite dos nossos orçamentos pessoais. Não vemos nenhum excedente para separar para mais tarde porque cada centavo que chega já é direcionado para algo. As contas da nossa casa, do carro, da padaria e do lazer, junto dos empréstimos estudantis e dívidas no cartão de crédito, demandam tudo que ganhamos.

Há, porém, algumas dicas práticas que podem ajudá-lo a cortar suas despesas em um esforço para poupar dinheiro. Enquanto essa lista não inclui todas as dicas de poupar dinheiro que podem colocá-lo em uma posição melhor para ser capaz de poupar, essas são o que chamo de minhas nove dicas de ouro para reduzir os gastos e administrar seu dinheiro a fim de deixá-lo livre para poupar, para que você possa ser um mordomo do reino melhor e mais sábio em relação aos seus recursos financeiros:

1. **Quite sua dívida começando primeiros com as contas menores.** Sei que falar é fácil e difícil é fazer, mas atualmente muito dinheiro vai para pagar os juros nos cartões de crédito, assim dificultando as pessoas de pouparem. Há várias estratégias para quitar as dívidas do cartão de crédito. A primeira envolve verificar com seu credor ou

credores se eles podem lhe dar uma taxa de juros mais baixa se encerrar a conta e planejar quitá-la. Uma outra maneira de consolidar a dívida do seu cartão de crédito é por meio de um empréstimo que lhe dê uma taxa de juros mais baixa. As taxas de juros do cartão de crédito podem ir de 20 a 30%, e geralmente é possível obter um único empréstimo para transferir sua dívida e ter mais do seu pagamento mensal indo para o montante das dívidas e não para os juros.

2. **Reduza os gastos com entretenimento.** Especialmente com a invenção de maneiras baratas ou até gratuitas de ter entretenimento por meio do *streaming*, as pessoas não precisam gastar tanto dinheiro todo mês em uma grande assinatura de TV a cabo. Muito do que você deseja assistir nos dias de hoje pode ser acessado na Internet ou por meio de aluguel barato ou planos de assinatura. Além disso, escolha sabiamente que horas você vai ao cinema. As matinês em um cinema oferecem a mesma experiência visual por menos da metade do preço de uma exibição noturna. (E não gaste suas economias em pipoca ou em refrigerante caros. Coma antes de ir ao cinema para não ser tentado a comprar.)

3. **Use dinheiro em espécie.** Raramente hoje em dia você vê alguém pagando com dinheiro em espécie, mas usar o dinheiro como seu principal método de pagamento dá-lhe uma maneira de ver quanto realmente possui. Depois de estabelecer um orçamento, saque o quanto reservou para

alimentação, gasolina ou qualquer outra coisa que planeje comprar e separe o dinheiro para as compras. Assim você terá uma leitura mais exata de quanto tem para gastar e não poderá gastar mais do que o orçado. Quando o dinheiro do mês acaba, os gastos também devem ser interrompidos. Levará apenas um ou dois meses na dureza para você aprender os princípios de gastos que vão ajudá-lo a não ficar sem grana no futuro!

4. **Quite seu carro ou sua casa antecipadamente.** Você pode poupar uma quantidade enorme de dinheiro simplesmente fazendo pagamentos adicionais em qualquer financiamento de automóvel ou casa, que serão aplicados ao montante das dívidas do empréstimo. Uma vez que seu carro ou casa forem quitados, use o dinheiro extra que você poupou para investir no seu futuro.

5. **Além de quitar seu carro, escolha-o com sabedoria.** Ao escrever estas linhas, os preços da gasolina estão dolorosamente altos. Escolher um carro que economize gasolina em vez de desperdiçar é uma opção ideal. No entanto, qualquer veículo que você dirija pode usar menos gasolina simplesmente pela maneira como dirige. Usar o piloto automático do veículo enquanto estiver dirigindo nas rodovias, além de acelerar lentamente em vez de abruptamente, pode economizar o uso do combustível.

6. **Cozinhe em casa e coma as sobras.** Os norte-americanos gastam cerca de um pouco mais de um terço de seu

orçamento anual de alimentação ao comer fora. Comer fora sempre não só é uma má escolha para sua saúde, por causa dos tipos de alimentos processados que você escolhe, mas também é uma má escolha para sua carteira se estiver lutando contra as dívidas. Considere gastar mais tempo planejando sua lista de compras do supermercado (quando não estiver com fome), cozinhando e também comendo as sobras.

7. **Desenvolva uma poupança de curto prazo de três a seis meses de despesas essenciais para uma disponibilidade imediata de dinheiro para atender às necessidades emergenciais, e uma poupança de longo prazo para lidar com a aposentadoria e a herança.**

8. **Pesquise para ter certeza de que você tem o prêmio de seguro absolutamente mais baixo da sua casa, veículo, saúde ou qualquer outro seguro que você possua.** As seguradoras são bastante competitivas e muitas vezes cobrem o preço de outra seguradora simplesmente para conseguir fechar negócio.

9. **Perca peso à maneira de Deus.** Os norte-americanos gastam mais de 40 bilhões de dólares anualmente em produtos, equipamentos, anuidades ou cirurgias para emagrecimento. É um dos maiores negócios lucrativos existentes. E, no entanto, não precisaríamos perder peso se seguíssemos os princípios bíblicos de cuidar de nosso corpo como templo do Espírito Santo ou não cedêssemos

a comportamentos de ganância, excesso e gula. O básico para emagrecer normalmente envolve autocontrole e disciplina. Limitar a ingestão de carboidratos simples e açúcares enquanto equilibra sua dieta com carboidratos complexos saudáveis, proteínas, gorduras e exercícios constantes não custarão muito e produzirão resultados estáveis e de longo prazo. Caminhar ao ar livre por 30 minutos é de graça ou dirigir até um parque próximo custa apenas a gasolina que é usada em comparação à mensalidade de uma academia.

Existem várias estratégias que você pode empregar para reduzir suas despesas em um esforço para redirecionar esses fundos para pagar sua dívida ou poupar. Essas são apenas algumas. No entanto, seja lá o que você fizer, comece o processo de poupar agora. Mesmo que seja apenas para se acostumar com o conceito até que você consiga poupar uma parte maior de sua renda a cada mês, comece agora.

A terceira área em que você deve se concentrar em relação às suas finanças é como você gasta. Uma vez que você tenha dado a Deus o dízimo e, conforme puder, as ofertas, e uma vez que você tenha usado uma parte de seu dinheiro para poupar, o restante do que tem é seu para gastar. Mas não vá gastá-lo com qualquer coisa e com tudo. A Bíblia também tem princípios relacionados aos seus hábitos de consumo. O primeiro que eu quero lembrar de novo, rapidamente, é o seu orçamento. Você precisa de um orçamento. Sem um orçamento, você não poderá aproveitar ao máximo seu dinheiro e correrá o risco de gastar mais do que tem. Como vimos anteriormente neste capítulo, Deus está no planejamento financeiro. Ele quer abençoar um plano.

Lemos em Provérbios: "Consagre ao Senhor tudo o que você faz, e os seus planos serão bem-sucedidos". Estou espantado com o número de famílias que aconselho que não possuem um plano financeiro. Toda família cristã deve ter um plano de como espera gastar os recursos que Deus lhe deu. Se não houver um plano, então não há nada para pedir a ajuda de Deus.

Se você não tem um plano financeiro ou um orçamento para o qual direcionar seu dinheiro, precisa fazer um agora. Se você já possui um, certifique-se de que ele esteja alinhado com os princípios estabelecidos. Porque você está perdendo para suas necessidades às custas de seus desejos. E deixe espaço em seu orçamento para ajudar os outros. O maior mandamento é amar a Deus com todo o seu coração. O segundo maior mandamento é amar o próximo. Se Deus o abençoou com ganhos financeiros de alguma forma, é para que Ele possa usá-los para ser uma bênção também para os outros. Lembre-se, a definição de bênção é poder desfrutar e estender o favor de Deus em sua vida. Se parar em você, é uma bênção incompleta.

> *Sem um orçamento, você não poderá aproveitar ao máximo seu dinheiro e correrá o risco de gastar mais do que tem.*

Deus abençoa para que você abençoe. Planeje abençoar. Deixe espaço em seu orçamento para ter maneiras de ajudar. Você ficará surpreso com o quanto é gratificante ajudar alguém necessitado. Lemos em Atos 20:

> *Invista nos outros com os recursos que Deus lhe deu e você será abençoado.*

> Em tudo o que fiz, mostrei a vocês que mediante trabalho árduo devemos ajudar os fracos, lembrando as palavras do próprio Senhor Jesus, que disse: "Há maior felicidade em dar do que em receber" (v. 35).

Invista nos outros com os recursos que Deus lhe deu e você será abençoado. É uma garantia. Dê, poupe e aprenda como ser contente com o que você tem (Hebreus 13:5). Use seu dinheiro com sabedoria e planeje um orçamento para o que receber e você estará trilhando o caminho da vitória financeira.

Lembre-se, não há nada de errado em ter coisas, a menos que você não possa pagar suas contas e o dinheiro que Deus lhe deu vai para os juros da dívida acumulada. É quando chega a hora de ver o que você pode vender para pagar o que deve. Você deve tomar a decisão agora de começar a viver dentro dos seus recursos, evitando empréstimos desnecessários e desenvolvendo um plano financeiro de curto e de longo prazos. Dê a Deus algo específico para Ele corresponder. A viúva em dificuldades financeiras que vimos anteriormente em 2Reis 4 recebeu uma instrução única do profeta sobre como obter lucro e se livrar das dívidas. Deus tem um milhão de maneiras de prover para você. Quando você se alinhar com Deus, Ele vai lhe dar a direção necessária para reverter seus atrasos financeiros. Foi isso que Ele fez com a viúva que precisava desesperadamente de alguma renda. Quando ela procurou pelo profeta, ele então lhe contou um plano financeiro muito interessante. Ele lhe disse que ela deveria ir até seus vizinhos e pedir que lhe entregassem todos os potes vazios que tinham em suas casas. Ele lhe disse para pegar qualquer coisa que seus vizinhos tivessem de sobra e depois encher de azeite os potes deixados para ela.

O problema era que essa senhora tinha pouquíssimo azeite para encher. Ela poderia facilmente ter dito ao profeta que sua solução não fazia sentido, mas pela fé ela confiou em Deus. Depois de recolher os potes vazios, a mulher solteira entrou em sua casa, fechou a porta e começou a encher os potes com o pouco de azeite que tinha. Quando ela começou a encher, viu que o azeite não acabava.

Tudo o que ela tinha era pouco, mas quando reagiu com fé Deus pegou o pouco que ela possuía e o transformou em muito. Lemos que a mulher disse a um dos filhos:

> "Traga-me outro recipiente". Mas ele respondeu: "Não há mais". Então o azeite parou de correr. Ele foi e contou ao homem de Deus, que disse: "Vá, venda o azeite e pague suas dívidas. E você e seus filhos ainda poderão viver do que sobrar" (2Reis 4:6-7).

O profeta havia dado à mulher a visão e a orientação de que ela necessitava para aproveitar o suprimento impressionante de Deus. Ele lhe dera uma abordagem financeira divinamente inspirada. Ela não saberia se não o tivesse procurado e seguido o que ele disse. Ninguém poderia ter inventado uma maneira aparentemente impossível para ela quitar a dívida, exceto o profeta que sabia que daria certo.

Da mesma forma, Deus tem um plano para você. E, para ser honesto, provavelmente não é um plano que você possa pensar por conta própria. Essa viúva nunca teria pensado nessa estratégia financeira do profeta sozinha. A vontade de Deus é o que funciona. Não nossas próprias estratégias. A fim de fazer a vontade de Deus, você precisa alinhar-se intimamente com Ele por meio do poder do Espírito.

Demasiadas conferências, livros e quem é "*coach* de vida" procuram vender estratégias às pessoas para ganho pessoal com base na lógica ou nas melhores práticas que funcionam para alguns e não funcionam para outros (geralmente funcionam apenas para aqueles que vendem!). Deus, porém, não precisa que você leia outro livro, vá a outro seminário ou contrate um *coach* de vida quando Ele já lhe deu a solução. Alinhe seu coração, pensamentos, palavras e ações sob seu governo universal e você estará tão perto do Senhor que ouvirá sua direção quando Ele o guiar. Você saberá o que fazer para retornar em lucro. Você vai ter a oportunidade, encontrar favor, ou descobrir como aumentar o azeite como jamais poderia fazer por conta própria.

Se hoje você está lutando com a dor das consequências financeiras negativas em sua vida e dedica tempo e esforço para buscar a Deus, Ele vai encontrá-lo onde você estiver. Ele reverteu a trágica situação da viúva prestes a perder seus dois filhos e Ele certamente pode reverter tudo o que você está enfrentando agora. Não, eu não posso contar os detalhes exatos do plano financeiro exclusivo de Deus para você porque os caminhos dele são mais altos do que os nossos caminhos; e os seus pensamentos, mais altos do que os nossos pensamentos (Isaías 55:9). Além disso, o plano específico de Deus varia de pessoa para pessoa. Mas o que posso lhe dizer é que, se você colocar o Senhor e seus princípios em primeiro lugar em sua vida, Ele vai revelar o plano dele para você. Ele colocará uma ideia em sua mente que você nunca tivera antes, ou lhe trará algum conceito que mostra como transformar suas perdas financeiras em ganhos.

Deus tem uma maneira de cancelar nossas dívidas e nos transformar. No entanto você nunca descobrirá o plano do Senhor para você até o que busque em primeiro lugar: "Busquem, pois, em primeiro lugar o Reino de Deus e a sua justiça, e todas essas coisas serão acrescentadas a vocês" (Mateus 6:33). Isso é uma promessa — uma que você pode levar até o banco.

CAPÍTULO 11

Revertendo as consequências sexuais

Nas tradições culturais, conta-se que os esquimós tinham uma maneira muito interessante de matar os lobos. Uma das maneiras de fazer isso era pegar uma faca e enfiá-la no gelo com a lâmina apontada para cima. Então eles cobririam a lâmina gelada com sangue, sabendo que o cheiro os atrairia. O resultado seria um lobo sentindo o cheiro do sangue. Devido ao sangue estar congelado na faca, o lobo lamberia o objeto. Claro, devido à temperatura estar tão fria, o lobo não sentiria necessariamente sua própria língua quando começasse a ser cortada pela lâmina.

Tudo em que o lobo iria se concentrar era no sangue na faca, mesmo que esse sangue começasse a se misturar com o seu. Depois de um tempo, o lobo sangraria até morrer, mesmo sem saber que a faca era a causa de sua própria morte. Pego pelo prazer de lamber a faca cheia de sangue, o lobo seria enganado e levado à própria destruição.

Essa é uma ótima metáfora para a imoralidade sexual.

Muitas pessoas são vítimas de seus próprios prazeres, o que leva à morte espiritual. A Bíblia está cheia de informações sobre as consequências que surgem a partir do comportamento sexual ilícito. As vidas são destruídas, os legados arruinados e os sonhos abortados por causa desse tipo de pecado — mais do que por qualquer outro. A imoralidade sexual levou à degradação da humanidade e as consequências resultantes disso são incomparáveis. Provavelmente, não há nenhuma pessoa lendo este livro que não tenha vivido as ramificações negativas das relações sexuais, dos pensamentos ou dos comportamentos imorais — seja por meio de suas próprias escolhas ou de alguém que eles amam, que trouxe as consequências para eles.

No entanto, apesar dos conhecidos resultados desastrosos da imoralidade sexual, nossa cultura a promove como se fosse a melhor coisa desde a invenção do pão de forma. Somos uma sociedade saturada de sexo. A Internet, a televisão, a música, as conversas e os livros, tudo nos dão acesso e uma aprovação sincera a esse pecado em específico. Tornou-se a droga predileta na cultura, tornando a promiscuidade (e todos os pensamentos e ações ligados a ela) a força destruidora número um para as finanças, as famílias e o futuro. Costumava existir a vergonha associada ao sexo ilícito ou às escolhas sexualmente depravadas. Costumava existir a vergonha ligada ao mau uso das pessoas, principalmente das mulheres na pornografia. Mas agora tornou-se como um *drive-thru* de *fast-food* para muitos. É apenas parte da vida, apesar dos vários estudos que demonstram uma conexão entre o sexo ilícito, o comportamento imoral e o uso pornográfico com a falta de habilidade de se conectar relacionalmente com os outros ou mesmo de ter um desempenho sexual ideal.

O pecado sexual está gerando o caos em nosso país e no mundo. Não apenas pelo que faz com a psique humana nem pelo impacto negativo resultante na verdadeira intimidade, mas também pelo o que ele faz com a vida. As gravidezes indesejadas e não planejadas criaram toda uma indústria que apoia o assassinato de crianças no útero. O alto custo dessa onda de assassinatos resulta não apenas nas milhões de vidas perdidas anualmente, mas também nas consequências emocionais, espirituais, físicas e psicológicas deixadas na mãe e, muitas vezes, também no pai.

Além disso, as doenças também correram soltas devido à imoralidade sexual. As doenças sexualmente transmissíveis agora vêm de todos os jeitos, dando origem a uma indústria farmacêutica voltada estritamente para combater, curar ou controlar esses vírus e doenças.

A abundância de mecanismos que atuam na sociedade e que dá licença e liberdade a todos os tipos de imoralidade sexual nos conduziu a uma nova era, na qual a sexualidade é definida pela escolha. Em 2014, o Facebook ofereceu a seus usuários 58 gêneros diferentes para escolher.[1] Evidentemente, eles estavam

---

1 https://abcnews.go.com/blogs/headlines/2014/02/heres-a-list-of-58-gender-options-for-facebook-users, "Here's a List of 58 Gender Options for Facebook Users" (Lista de 58 opções de gênero para usuários do Facebook) por Russell Goldman, 13 de fevereiro de 2014, acesso em 28 de janeiro de 2020.

atrasados, porque quando escrevo este texto, existem mais de 110 variações diferentes de identidade de gênero como opções para o público em geral. Lembre-se, um indivíduo não é obrigado a permanecer em uma dessas 110 (ou mais — de quem é a contagem?) variações de gênero por muito tempo. Você pode escolher ser de um gênero no café da manhã e mudar de gênero à noite. As crianças da idade do Ensino Fundamental estão agora tendo a opção de se travestirem ou receberem drogas inibidoras de hormônios para bloquear o desenvolvimento de gênero de homem ou mulher dado por Deus.

E embora você possa se identificar como homem ou mulher como Deus lhe fez, e se sentir atraído pelo sexo oposto como Deus pretendera, você ainda pode lutar com outros problemas ou consequências sexuais. Os pecados sexuais custaram a muitos casais o matrimônio e a família. Custou a muitos outros suas reputações. Alguns tiveram de mudar de carreira ou até mesmo de cidade. Outros tiveram de mudar de igreja ou foram excluídos das congregações onde outrora serviam.

As gerações de famílias de mães solo que agora estão presas em um ciclo de avós criando os filhos enquanto a mãe trabalha em dois ou três empregos afetaram a saúde geral e a harmonia da maioria dos lares.

E embora sua própria história sexual possa não ter produzido consequências tão dolorosas como algumas que listei, a maioria de nós pode olhar para trás e dizer com pesar: "Eu gostaria de não ter feito isso". Há muitos outros que têm um histórico de terem sido usados, abusados e descartados quando termina a brincadeira. Eles carregam as cicatrizes da luxúria de outras pessoas pelo poder, prazer e controle. Assim, meu propósito neste capítulo é abordar esse tema tão sensível do pecado sexual e suas consequências a partir de uma visão de mundo bibliocêntrica, que tem como objetivo promover a cura. Seja onde você estiver nesse ciclo, espero que se torne parte do processo de recuperação espiritual ao longo do nosso tempo juntos neste assunto.

O sexo foi criado por Deus, não por Hollywood. Foi ideia de Deus, e a Bíblia nos diz que Ele viu sua criação e a chamou de "boa" (Gênesis 1:31). O sexo é bom. O sexo é muito bom no contexto que o fazemos.

Porém Satanás é um especialista em pegar o que foi criado por Deus para o bem e pervertê-lo em algo muito ruim. Na verdade, a primeira tentativa de Satanás de propagar a destruição do ato sexual ocorreu quando os demônios habitaram entre os homens e depois tiveram relações sexuais com as mulheres. Elas então deram à luz a seres híbridos que encarnaram em todo tipo de maldade. Satanás usa a imoralidade sexual para expandir seu reino. Como resultado, o planeta teve de ser inundado pelo dilúvio para livrar a terra da vida corrompida que havia habitado nela (Gênesis 6:1-7).

> *Satanás é um especialista em pegar o que foi criado por Deus para o bem e pervertê-lo em algo muito ruim.*

Desde então, Satanás não cedeu nem diminuiu suas tentativas de se infiltrar e infectar a humanidade por meio dos pecados sexuais. O problema com essa área específica do pecado é que o sexo é o foco mais natural da nossa vida. O sexo nasce de um desejo natural dado por Deus. Não é um pecado que precisamos procurar para encontrá-lo. Não, esse pecado está ligado ao que já é legitimamente construído dentro de nós. Está dentro do nosso DNA humano. Mas, como a água do mar, quando você a bebe para satisfazer sua sede, geralmente ela pode matá-lo. Nosso desejo de intimidade sexual está enraizado em nossa conexão espiritual à aliança com Deus. No começo, as relações sexuais serviam como meio tanto de inaugurar quanto de ativar a aliança conjugal. A aliança do casamento é selada e confirmada pelo primeiro encontro sexual conjugal.

O que a cultura fez, porém, foi tomar algo que nos fora dado com um dom prazeroso para o casamento e remover o aspecto da aliança do ato em si. Quando os propósitos para o ato são removidos, o ato em si se torna inútil e sem limites.

Em uma lareira, o fogo é uma bela manifestação. Ele aquece o ambiente; mas quando as faíscas saltam e se espalham por toda a casa, elas queimam tudo. Deus criou uma lareira para o sexo e a chamou de casamento. Deixamos, porém, as faíscas do sexo saírem da lareira. Por isso, estamos vivendo um incêndio destruidor em nossa vida, em nossos relacionamentos e no mundo.

As Escrituras abordam toda uma gama de aberrações sexuais em Levítico 18. Esse capítulo aborda áreas tais como: fornicação, adultério, homossexualidade, incesto, zoofilia etc. Ele aborda todas as formas pelas quais a humanidade afastou o objetivo das relações sexuais do projeto de Deus. Todo o capítulo 5 de Provérbios alerta contra o adultério, ressaltando o dano que ele causa. Em Jó 31:9-12, lemos sobre o reino de destruição que a imoralidade sexual traz para sua vida e para a vida dos outros. E Paulo diz em 1Tessalonicenses 4:1-8 que a prova de que você está crescendo espiritualmente é quando controla seu desejo sexual e ele não o controla mais. O oposto também é real. Paulo chama de teste de santificação. Você sabe o quanto está progredindo espiritualmente pela forma como consegue administrar bem seus desejos sexuais.

Paulo faz um longo discurso em 1Coríntios 6:9 no qual ele vai com ousadia e severidade contra aqueles que praticam um estilo de vida sexual pecaminoso. Ele diz: "Vocês não sabem que os perversos não herdarão o Reino de Deus? Não se deixem enganar: nem imorais, nem idólatras, nem adúlteros, nem homossexuais passivos ou ativos". Paulo claramente destaca como esse estilo de vida impossibilita o indivíduo de herdar a manifestação do reino de Deus.

Agora, não interprete mal dizendo que uma pessoa não pode ter a vida eterna pela fé em Jesus Cristo pelo perdão dos seus pecados. Você entra no céu com base na sua fé na obra consumada de Jesus Cristo, mas você herda a manifestação do reino de Deus, acumulando os benefícios do reino, com base no que faz e do que não faz. Então, enquanto alguém pode estar a caminho do céu, o céu pode não estar no caminho dele ou dela quando eles escolhem viver um estilo de vida sexualmente imoral. A imoralidade sexual pode bloquear a obra de Deus de favor e bênção na sua vida. As consequências nem sempre aparecem como algo definitivamente negativo, como um problema de saúde ou algo do tipo. Não, as consequências geralmente se manifestam como a remoção ou interrupção das bênçãos e dos favores que uma vez foram seus. Isso torna bem mais difícil de ser identificado, mas não menos impactante.

Então, ao examinar essa área de sua vida em particular, mantenha sua mente e coração abertos para que Deus lhe revele as áreas em que precisa se arrepender de atitudes passadas, perdoar aqueles que o prejudicaram ou se arrepender e mudar de rumo nas atitudes atuais — ou tudo o que foi descrito anteriormente. Peça a Deus para lembrá-lo das áreas na qual precisa se acertar com Ele em relação à má conduta sexual, mesmo se esteve somente no coração. Como Jesus disse: "Vocês ouviram o que foi dito: 'Não adulterarás'. Mas eu digo: Qualquer que olhar para uma mulher e desejá-la, já cometeu adultério com ela no seu coração" (Mateus 5:27-28).

Na cultura de hoje das redes sociais cheias de sexo, esse versículo se aplica sem dúvida para homens e mulheres. O pecado sexual é mais dominante do que podemos até imaginar. E por ele ser assim, devemos enfrentá-lo diretamente ao bloquear a fonte de pecado em nossa própria vida e reverter quaisquer consequências que precisam ser tratadas.

Paulo dá um entendimento de como abordar a tentação sexual quando ele escreveu naquele que é um dos maiores livros já escritos sobre como viver uma vida de pureza:

> "Tudo me é permitido", mas nem tudo convém. "Tudo me é permitido", mas eu não deixarei que nada me domine. "Os alimentos foram feitos para o estômago e o estômago para os alimentos", mas Deus destruirá ambos. O corpo, porém, não é para a imoralidade, mas para o Senhor, e o Senhor para o corpo. Por seu poder, Deus ressuscitou o Senhor e também nos ressuscitará" (1Coríntios 6:12-14).

Paulo aprofunda o assunto do sexo teologicamente, quando ele começa dizendo que tudo é permitido, mas nem tudo é benéfico (eficaz). A raiz do desejo pode ser natural, mas o jeito que você o está expressando pode não ser. Sempre que algo o mantém refém, é espiritualmente ilegal. Paulo faz-nos lembrar que não devemos ser dominados por nada além do Senhor Jesus Cristo. Se e quando formos controlados por nossas paixões, estaremos sendo governados e enfrentaremos as consequências dessa rebelião longe do governo de Deus.

Paulo explica nessa passagem que os alimentos foram feitos para o estômago e o estômago para os alimentos. Há uma diferença. O seu corpo não pertence a você para fazer o que quiser. Deus não apenas ressuscitou o Senhor, mas também ressuscitará cada um de nós se colocarmos nossa fé em Cristo por meio de seu poder. Ou seja, Cristo vive em nós. Devemos ser um com Ele em tudo que fizermos. Paulo prossegue nessa passagem explicando:

> Vocês não sabem que os seus corpos são membros de Cristo? Tomarei eu os membros de Cristo e os unirei a uma prostituta? De maneira nenhuma! Vocês não sabem que aquele que se une a uma prostituta é um corpo com ela? Pois como está escrito: "Os dois serão uma só carne". Mas aquele que se une ao Senhor é um espírito com ele.
>
> Fujam da imoralidade sexual. Todos os outros pecados que alguém comete, fora do corpo os comete; mas quem peca sexualmente, peca contra o seu próprio corpo. Acaso não sabem que o corpo de vocês é santuário do Espírito Santo que habita em vocês, que lhes foi dado por Deus, e que vocês não são de vocês mesmos? Vocês foram comprados por alto preço. Portanto, glorifiquem a Deus com o seu próprio corpo (1Coríntios 6:15-20).

Quando você faz sexo (seja fisicamente, virtualmente ou em sua mente), você entra em uma união. Como crente, porém, você já está em uma união. Você é um em Espírito com Jesus Cristo. Aonde quer que você vá, Ele vai junto. Seja o que fizer, Ele faz junto. Assim, quando você pratica um ato sexual imoral, está literalmente pedindo a Jesus que se torne um participante ativo com você — o que, devido à sua santidade, Ele não pode fazer. Dessa forma, você se afasta da presença e do poder da graça em sua vida, que vêm do ato de permanecer em Cristo (João 15).

Você tem de fugir da imoralidade porque esse pecado específico é um pecado contra si mesmo de todas as formas. Isso é um pecado único, que traz consigo uma série única de circunstâncias e consequências que produzem um dano interno a quem você é.

Se pegar chiclete ou cera derretida no tapete e tentar removê-los, terá de arrancar um pouco do tapete junto. Isso ocorre porque o chiclete ou a cera seca se entrelaçou com as fibras do tapete. Para tirar a sujeira do tapete também será necessário remover uma parte dele. Quando você entra em uma união sexual, está se entrelaçando com o objeto do seu envolvimento. Dessa forma, quando você busca se desconectar de tal envolvimento mais tarde, tem de deixar um pedaço seu para trás. Isso deixa uma cicatriz em sua alma, despedaçada pelos envolvimentos sexuais.

O seu corpo é templo do Deus vivo. Um templo é uma casa de adoração. As suas emoções, espírito e corpo foram feitos de tal maneira para adorar o Criador do universo. Mas quando você usa seu corpo de qualquer outra forma diferente da que Deus planejou, você está entrando em uma adoração falsa e, portanto, limitando sua habilidade de ser quem você foi feito para ser. Você deve glorificar a Deus com seu corpo e não desonrar o Senhor com ele.

Tudo isso parece ser bom e cremos nisso. Mas a realidade da vida é que muitos de nós já fomos longe demais nesse caminho da imoralidade sexual — em um ponto da nossa vida, senão até mais — e estamos arcando com as consequências até agora. Passamos por coisas, fizemos, olhamos, pensamos em coisas e nos denegrimos a tal ponto que estamos pagando o preço. Se as histórias fossem contadas pelos leitores deste livro, a maioria estaria cheia de arrependimentos, erros, pecados, fracassos e vergonha. Então, como revertemos consequências negativas dos pecados sexuais? Jesus nos dá o caminho em João 8.

Nesta passagem, lemos sobre o relato da mulher pega em adultério. Os fariseus tentaram enganar Jesus para que pudessem acusá-lo. Eles tentaram colocá-lo em um impasse para que qualquer resposta que Ele desse fosse incorreta. Isso porque se Ele mandasse apedrejar a mulher que foi pega em adultério, estaria discordando da lei de Roma que não permitia a pena de morte. Mas se Ele dissesse para não a apedrejar, estaria discordando da Lei de Moisés.

No entanto a resposta de Jesus tirou-o de um beco sem saída, porque Ele escolheu respondê-los de uma maneira totalmente diferente. Em vez de julgar ou livrar pelas suas palavras, Ele simplesmente se abaixou e começou a escrever na areia. As palavras exatas que Ele escreveu não são ditas na passagem, mas sabemos o que se tornou público durante e após sua escrita. Lemos:

> Mas Jesus inclinou-se e começou a escrever no chão com o dedo. Visto que continuavam a interrogá-lo, ele

se levantou e lhes disse: "Se algum de vocês estiver sem pecado, seja o primeiro a atirar pedra nela". Inclinou-se novamente e continuou escrevendo no chão. Os que o ouviram foram saindo, um de cada vez, começando pelos mais velhos. Jesus ficou só, com a mulher em pé diante dele (João 8:6b-9).

Quando Ele escreveu pela segunda vez, os homens começaram a jogar suas pedras fora e ir embora. Ao usar seu dedo para escrever duas vezes na areia, Jesus estava trazendo uma alusão ao conteúdo das duas tábuas da Lei de Moisés que Deus escreveu com seu dedo; talvez tenha sido os mesmos mandamentos que Jesus estava escrevendo. Assim, Jesus estava se declarando o autor da Lei e, ao mesmo tempo, revelando que eles também haviam quebrado a Lei de Deus e, portanto, estavam condenados. O local esvaziou-se até que Jesus ficou sozinho com a mulher. Jesus não negou o fato de que havia um pecado. Pelo contrário, Ele lidou com a realidade do julgamento ilegítimo dos outros sobre tal pecado. Depois que o povo foi embora, Jesus disse à mulher que Ele também não a condenava. Ele também lhe disse: "Agora vá e abandone sua vida de pecado" (João 8:11). Ele a libertou com a ordem de honrar a liberdade dela por meio da pureza.

Jesus não disse "vá e não peque mais, e então não vou condenar você". Isso é o que geralmente fazemos. Esperamos que alguém, ou até nós mesmos, demonstre pureza moral antes de pararmos de julgar. Jesus, porém, disse algo diferente. Ele removeu qualquer indício de condenação e, em seguida, pela graça desse dom, a mulher devia viver uma vida de honra. Essa mesma libertação que Ele promove para a mulher também está disponível para você agora. Na verdade, lemos sobre isso em Romanos 8:1, que diz: "Portanto, agora já não há condenação para os que estão em Cristo Jesus". As consequências do pecado sexual foram revertidas na cruz de Jesus Cristo. Infelizmente, muitos condenam a si mesmos ou os outros a tal ponto que prolongamos as consequências ou aprofundamos suas feridas vivendo em um estado de vergonha, culpa ou acusação.

Porém, em Cristo, já não há condenação. Também não há mais vergonha, culpa e acusação. Elas não são de Cristo. Devemos permitir que a graça de Jesus nos motive a viver uma vida de santidade. Agora, graça não significa que você deve encobrir o pecado enquanto continua pecando. Você não deve continuar em pecado de jeito nenhum. Mas quando escolhe se arrepender e abandonar o pecado, Jesus está lá para ajudá-lo a se levantar e enviá-lo no caminho certo da pureza moral. A graça deve ser nossa mentora e professora. Lemos sobre isso em Tito 2:11-13:

As consequências do pecado sexual foram revertidas na cruz de Jesus Cristo.

Porque a graça de Deus se manifestou salvadora a todos os homens. Ela nos ensina a renunciar à impiedade e às paixões mundanas e a viver de maneira sensata, justa e piedosa nesta era presente, enquanto aguardamos a bendita esperança: a gloriosa manifestação de nosso grande Deus e Salvador, Jesus Cristo.

Que a graça guie você. Escolher ficar em um estado de vergonha, culpa, arrependimento, amargura ou qualquer outro fator relacionado à imoralidade sexual só aumentará as consequências ao acrescentar mais do mesmo. A imoralidade sexual é apenas a primeira bola de neve que cria uma avalanche de morte na vida de um indivíduo devido à resposta emocional, espiritual e física ao pecado. Mas quando você se perdoa, ou perdoa alguém que pode tê-lo maltratado, ou perdoa seus pais que podem ter se divorciado devido a um pecado sexual, ou seja lá o que for, você se livra da condenação. Livrar-se da condenação permite que você se agarre à graça. É a graça que vai capacitá-lo a negar a impiedade futura e os desejos mundanos e a viver de modo sensato. É a graça que pode colocá-lo no caminho certo da esperança, da paz e do amor.

Se você já estragou tudo e precisa de ajuda para ter a cura, faça esta oração:

> *Senhor Jesus, reconheço que estás aqui na minha vida e quero que a graça e a misericórdia me permitam seguir em frente. Não posso mudar o dia de ontem, mas me arrependo dos meus pecados sexuais e peço perdão a ti. Eu me perdoo e também perdoo quem me magoou. Estou aqui hoje e quero um amanhã melhor. Obrigado*

pelo teu perdão e por eu não ter mais nenhuma condenação. Agora estou livre da culpa e da vergonha, tudo pela sua graça. Amém.

A maioria envia as roupas para a lavanderia quando ficam sujas. Nós as enviamos se tiver uma mancha. A lavanderia remove a mancha usando equipamentos caros que farão com que suas roupas pareçam novas. A razão pela qual enviamos nossas roupas para a lavanderia é porque queremos usá-las de novo. Da mesma forma, Deus tem seu próprio sistema de limpeza. É chamado de sangue expiatório de Jesus Cristo. Quando você e eu vamos até Ele com nossos pecados e recebemos sua purificação em nossa vida, podemos ser usados por Ele de novo.

Um diamante sujo ainda é um diamante. Ele só precisa ser polido e limpo para ter todo o esplendor de seu brilho. Você tem um propósito. Deus o criou para viver um propósito brilhante. Isso se chama destino. E ao viver seu destino, você brilhará. Mas antes de perseguir o seu destino por completo, você precisa entender o poder do perdão do Senhor em sua vida por qualquer pecado que tenha cometido. Venha até Jesus ao pé da cruz e deixe de lado a culpa, a vergonha e o arrependimento do passado. Ou afaste-se do pecado que possa estar vivendo atualmente. Em vez disso, receba sua graça e busque o amanhã com uma paixão purificada para viver os planos do seu reino em tudo o que faz. Como Jesus disse: "Agora vá e abandone sua vida de pecado" (João 8:11).

CAPÍTULO 12

Revertendo as consequências irreversíveis

Uma das passagens mais importantes das Escrituras é Isaías 55:8-9. Esse capítulo fala sobre a importância de voltar-se para Deus para que Ele tenha compaixão de nós. Ele nos exorta a buscar o Senhor e encontrá-lo, invocá-lo e saber que Ele está perto. Mas, talvez ainda mais importante, essa passagem nos lembra quem somos e quem Deus é. Somos finitos; Deus é infinito. Vemos através de um espelho embaçado. Deus vê o passado, o presente e o futuro ao mesmo tempo. Compreendemos pouco; Deus compreende tudo. Achamos que sabemos o caminho; Deus realmente sabe o caminho.

A razão pela qual esses princípios são importantes é porque podemos perder nosso próprio destino futuro, recusando-nos a seguir a direção de Deus na nossa vida. Achamos que sabemos como realizar x, y ou z, então seguimos

> *Achamos que sabemos o caminho; Deus realmente sabe o caminho.*

nosso próprio caminho, apenas para descobrir que andamos quilômetros e quilômetros na direção errada. Não só precisamos de uma reversão, mas perdemos tempo na jornada de volta para onde deveríamos ter ido desde o início.

Isaías 55:8-9 resume de modo sucinto essa verdade fundamental para cada um de nós quando diz:

> "Pois os meus pensamentos não são os pensamentos de vocês, nem os seus caminhos são os meus caminhos", declara o SENHOR. "Assim como os céus são mais altos do que a terra, também os meus caminhos são mais altos do que os seus caminhos; e os meus pensamentos, mais altos do que os seus pensamentos".

Deus vê tudo. Deus sabe de tudo. Deus entende tudo. Por causa disso, seus caminhos e pensamentos não estão no mesmo nível dos nossos. Sua direção e orientação em nossa vida podem parecer estranhas. Podemos questionar por que Ele permite o que faz. Podemos coçar a cabeça e tentar descobrir seu plano. Porém, no fim, essa passagem nos lembra que jamais entenderemos seus planos do lado de cá. Sua perspectiva é simplesmente muito mais elevada, mais ampla, mais sábia, mais grandiosa e transcendente do que a nossa. É por isso que a fé é tão essencial na vida de um crente. A fé demonstra por meio das nossas ações que confiamos em Deus mesmo quando não o entendemos.

Nenhum relato bíblico demonstra isso melhor do que a cura de um homem chamado Naamã. Somos apresentados a Naamã em 2Reis 5:1 (NTLH), quando lemos:

> Naamã, o comandante do exército da Síria, era muito respeitado e estimado pelo rei do seu país porque, por meio de Naamã, o SENHOR Deus tinha dado a vitória ao exército dos sírios. Ele era um soldado valente [...].

Naamã era o cara. Ele era respeitado, valorizado e digno de honra. As Escrituras dizem que ele não era apenas o comandante de um exército do rei, mas que ele tinha a reputação de ser um grande homem.

Na verdade, o povo não era o único que valorizava Naamã. A passagem diz que Deus também o estimava, e demonstrou esse sentimento a partir do que Ele escolhera fazer por meio dele. O Senhor havia dado a vitória ao rei por meio do comando de Naamã e da liderança do exército.

Sem dúvida, o nome de Naamã era grande em toda a terra de seus amigos e de seus inimigos. Se ele vivesse hoje, provavelmente teria milhões de seguidores nas redes sociais. O povo confiou nele e, com o tempo, ele demonstrara sua capacidade de manter essa confiança. Isso não é pouca coisa à luz da natureza inconstante da humanidade.

Mas a passagem que lemos anteriormente mostrou mais um aspecto sobre Naamã que ainda não mencionei. Depois de dizer que ele era "um soldado valente", o texto traz uma conjunção coordenativa adversativa muito reveladora: *mas*. São listados elogios atrás de elogios sobre esse homem, porém a atenção da maioria dos leitores será despertada pela pequena conjunção que segue o relato: *mas*.

Naamã tinha todo o respeito que um homem poderia ter, *mas*...

Naamã tinha prestígio e honra, *mas*...

Naamã conheceu a vitória pela sua liderança, *mas*...

As quatro palavras que sucedem a palavra *mas* mudariam tudo. Pois aprendemos que apesar de todas aquelas realizações, riqueza e habilidades, "ele era um leproso."

Naquela época, a lepra significava mais do que apenas uma doença. Significava a aposentadoria compulsória. Significava isolamento dos outros por meio de um estilo de vida em quarentena. Significava a perda da identidade pessoal, das amizades e das finanças. A lepra fazia mais do que tirar a saúde do indivíduo por meio da doença; também tirava a dignidade. Uma coisa é estar doente. Outra é estar doente e desamparado, ao mesmo tempo afastado daqueles que poderiam oferecer ajuda. À medida que a lepra se espalha, as lesões e as feridas rasgam a pele e provocam níveis torturantes de dor. Antes da morte, a deformidade era a única coisa dada como certa. Essa doença incurável não dava esperança. Mesmo uma casa de repouso não era uma opção porque ninguém mais queria ficar perto de alguém com lepra. O diagnóstico era uma sentença de morte sem dignidade. E apesar dos prêmios, troféus, feitos, vitórias e reconhecimento de Naamã, a morte batia à porta para lembrá-lo de que, afinal de contas, ele era apenas um ser humano. Ele havia se tornado tanto um conquistador como um náufrago.

No entanto, por causa das conquistas e da notoriedade do passado de Naamã, havia muitos que queriam ajudá-lo do melhor jeito possível. Ele não foi rejeitado como tantos outros que se encontraram na mesma situação que ele.

Uma das pessoas que queria ajudá-lo era uma jovem que servia em sua casa. Ela viu o sofrimento dele e sabia o que viria depois da doença, e ela se lembrou do profeta de onde ela fora capturada. Em sua terra natal, Israel, vivia um profeta chamado Eliseu. Ele podia fazer milagres e com certeza podia curar Naamã, assim supôs a menina. Então, ela o encorajou a ir para Israel. Lemos:

> Ora, tropas da Síria haviam atacado Israel e levado cativa uma menina, que passou a servir a mulher de Naamã. Um dia ela disse à sua senhora: "Se o meu senhor procurasse o profeta que está em Samaria, ele o curaria da lepra". Naamã foi contar ao seu senhor o que a menina israelita dissera (2Reis 5:2-4).

Naamã e sua esposa gostaram da ideia. Eles haviam ficado sem opções. Eles sabiam que não havia cura. Os médicos tinham desistido deles. Mas essa jovem que o servia em sua casa deu uma nova esperança. Ela sugeriu uma solução. E mesmo que a solução estivesse longe e fosse um pouco estranha, eles aproveitaram a oportunidade. Então, Naamã foi até seu chefe para ter permissão para ver o profeta e ofertas para lhe dar. Como disse, a solução da menina não era normal. Não fazia sentido. Não foi uma ideia compreendida pela maioria. É por isso que o chefe de Naamã não entendeu nada. Ele nem ouviu o que Naamã disse. Ou, se ouviu, escolheu interpretar de forma diferente, de acordo com sua própria lógica e conhecimento. Ir para Israel fazia sentido. Mas por que procurar um profeta desconhecido e estranho que talvez vivia ao deus-dará? Isso não fazia o menor sentido.

Então o rei redigiu uma carta para alguém bem mais poderoso. Ele decidiu alavancar seu próprio poder para ajudar Naamã. Ele escreveu ao rei de Israel e pediu sua ajuda.

Agora, os favores não vêm sem um preço para a realeza, então o rei da Síria também incluiu cinquenta quilos de prata, setenta e dois quilos de ouro e dez mudas de roupas finas, entre outras coisas (2Reis 5:5). Na economia de hoje, isso seria equivalente a mais de um milhão de dólares. O rei da Síria procurou comprar a cura de Naamã. Ele achava que bastante dinheiro, recursos e uma pressão amigável de um reino vizinho iriam lhe dar o que ele queria: a cura de Naamã.

Há uma coisa, no entanto, que a doença física vai ensinar a todos bem rápido — não importa o dinheiro, conhecidos ou a influência que você talvez pense que possui, Deus tem a palavra final quando se trata de saúde. Você não pode comprar uma cura para si. Não pode manipular uma cura. Nem barganhar uma cura. A cura vem da mão de Deus, e somente dele, quando Ele assim desejar.

O rei de Síria ainda não tinha percebido esse detalhe. Seu status tinha subido à cabeça, junto do dinheiro e da pressão, ele enviou uma carta ao rei de Israel que dizia: "Esta carta é para apresentar Naamã, que é meu oficial. Eu quero que você o cure". (2Reis 5:6b, NTLH). Aqui está o dinheiro. O meu selo real. O meu pedido. Cure Naamã, ó rei.

A questão é que a vida não funciona desse jeito, e o rei da Síria, assim como Naamã, iriam descobrir rapidamente. O rei de Israel não demorou muito para responder. Nem mediu suas palavras. Lemos:

> Assim que o rei de Israel leu a carta, rasgou as vestes e disse: "Por acaso sou Deus, capaz de conceder vida ou morte? Por que este homem me envia alguém para que eu o cure da lepra? Vejam como ele procura um motivo para se desentender comigo!" (2Reis 5:7).

Em outras palavras, ele disse "Não". O rei não queria uma batalha. Ele não queria ser pressionado a curar uma doença incurável, algo que não podia fazer. Ele não queria ser enganado por uma guerra ou passar por humilhação. Então ele respondeu rápida e decisivamente com sua recusa em fazer parte da situação. A saúde estava nas mãos de Deus, o rei fez todos se lembrarem por meio de suas palavras e ações. A resposta do rei foi tão ousada, que a notícia de que o rei rasgara suas vestes se espalhou. Quando Eliseu ouviu isso, enviou um recado ao rei por meio de um mensageiro para que o doente viesse até ele. Ele queria a situação resolvida. Pois ele disse: "Mande que esse homem venha falar comigo, e eu mostrarei a ele que há um profeta em Israel!" (2Reis 5:8, NTLH).

Eliseu não teve receio em pedir que o homem fosse até ele. Ele sabia que poderia curar uma doença incurável, se assim Deus quisesse. Isso não era nada para ele. Naamã devia primeiro ter ido até ele. Mas, em vez disso, ele fora aonde pensava com quem estava o verdadeiro poder. Ele foi até os profissionais. Foi ao governo. Ele foi onde o dinheiro, a pesquisa e a especialidade eram conhecidos. Afinal, quem procura um profeta do qual você nunca ouvira falar? Naamã era um comandante militar bem-sucedido. Ele conhecia o poder quando o via.

Ou será que conhecia? Porque mesmo quando o rei de Israel o enviou ao profeta Eliseu, Naamã hesitou. Talvez *hesitou* não seja uma palavra muito forte. As Escrituras relatam que ele ficou "indignado". Por quê? Porque o profeta não se dispôs a ir pessoalmente. O profeta não se deixou manipular por Naamã. Não só isso, mas ele também enviara a solução por meio de um mensageiro, e Naamã achou que a solução não estava certa. Ele achou que parecia uma piada. Não havia lógica na solução, então ele, pelo jeito, pensou que o profeta estava de brincadeira com ele. Como resultado, foi embora muito bravo. Lemos:

> Eliseu mandou que um empregado saísse e dissesse a ele que fosse se lavar sete vezes no rio Jordão, pois

assim ficaria completamente curado da sua doença. Mas Naamã ficou muito zangado e disse: "Eu pensava que pelo menos o profeta ia sair e falar comigo e que oraria ao Senhor, seu Deus, e que passaria a mão sobre o lugar doente e me curaria! Além disso, por acaso, os rios Abana e Farpar, em Damasco, não são melhores do que qualquer rio da terra de Israel? Será que eu não poderia me lavar neles e ficar curado?". E foi embora muito bravo (2Reis 5:10-12, NTLH).

É óbvio, o comandante Naamã não comprou a ideia do profeta. Ele não apenas se sentiu ofendido por ter falado por intermédio de um mensageiro, como também não concordou com a escolha do rio para mergulhar.

O rio Jordão era sujo. Será que esse profeta não sabia de nada? Naamã achava que não. É por isso que ele saiu de lá furioso. Foram necessários alguns homens mais racionais ao redor do comandante para convencê-lo a não ir embora.

O versículo 13 (NTLH) diz que seus servos procuraram falar com ele com sensatez. Lemos: "Então os seus empregados foram até o lugar onde ele estava e disseram: 'Se o profeta mandasse o senhor fazer alguma coisa difícil, por acaso, o senhor não faria? Por que é que o senhor não pode ir se lavar, como ele disse, e ficar curado?'".

É possível que seus servos tenham vindo de Israel, como a menina escrava que primeiro o incentivara a procurar o profeta Eliseu. É possível que seus servos também soubessem da história e da reputação de Eliseu. Eles tinham fé enquanto Naamã não tinha nenhuma, e é por isso que o encorajaram a pelo menos tentar. Eles apelaram ao raciocínio dele, explicando que não era no profeta que o comandante não confiava, era no plano. Se o profeta tivesse lhe dito para fazer algo grandioso, ele teria feito. Naamã apenas não se importava com o plano. Lavar-se em um rio sujo sete vezes não parecia funcionar. Nem sequer dava o menor vislumbre de esperança. Parecia que ia dar errado antes mesmo de começar.

Naamã, porém, não entendera em que ponto ele estava em sua vida, tomando todas as suas próprias decisões. Ele sabia quando ouvir e seguir o conselho dos outros que talvez soubessem mais do que ele. É isso que os grandes líderes fazem. Então Naamã seguiu o conselho de seus servos e foi para o rio Jordão. Ele permitiu que a fé deles o conduzisse quando ele mesmo não tinha fé alguma.

Essa é uma lição importante para todos nós quando estamos fraquejando em nossa fé. Quando lutamos para acreditar. Quando duvidamos da mensagem e do mensageiro. Quando lutamos em desespero simplesmente por não sabemos como vamos viver mais um dia. Os grandes líderes e as grandes pessoas ouvem os outros que talvez saibam mais do que eles. Não há problema em depender da fé de outra pessoa quando a sua está diminuindo. Às vezes, os outros veem mais claramente do que você vê porque sua visão ficou embaçada pela dor de sua realidade atual. A grandeza nem sempre significa saber o caminho certo a seguir. Muitas vezes significa deixar aqueles que sabem o caminho certo guiá-lo. A grandeza vem envolta em humildade, caso contrário, não é grandeza.

Naamã estava no fundo do poço. Ele não tinha outras opções e sabia disso. Então, com humildade, ele escolheu ouvir quem estava ao seu redor e descer até o rio Jordão para fazer conforme profeta o havia instruído. Naamã mergulhou no rio Jordão sete vezes, e sua pele ficou mais saudável do que nunca estivera antes (2Reis 5:14, NTLH). A passagem descreve que "sua carne ficou firme e sadia como a de uma criança".

Quando Naamã abriu mão de agir do seu jeito para seguir o modo de Deus, ele foi liberto. Ele teve de abandonar seus próprios planos e poder antes de receber o dom de restauração divino em sua vida. Para Naamã, o rio Jordão era um rio sujo. Mas para o profeta Eliseu, era o lugar onde Deus fazia milagres. Se Naamã tivesse entendido e percebido isso, ele poderia ter ido lá antes. Mas Naamã estava muito preso a seus próprios métodos para reconhecer que ele não podia fazer milagres sozinho. Não importa quanto dinheiro, notoriedade ou estima uma pessoa talvez tenha neste planeta, é somente Deus quem faz milagres. E, às vezes, Deus procura fazer-nos lembrar disso ao permitir que estejamos em situações em que nenhum homem pode nos ajudar. Ele permite que nossa bagunça fique tão feia que as soluções oferecidas pelo homem não sejam suficientes. Ele faz assim para demonstrar que só Ele é Deus.

Provérbios 14:12 faz-nos lembrar: "Há caminho que parece certo ao homem, mas no final conduz à morte". As soluções de

Deus nem sempre são difíceis. Na verdade, elas são geralmente tão simples que as ignoramos em nossa sabedoria humana. Pensamos: "Com certeza não é tão fácil", enquanto tentamos sozinhos consertar qualquer bagunça que enfrentamos. Porém as soluções de Deus e seus milagres ao longo das Escrituras muitas vezes se definem como simples. Um ato de fé. Um espírito restaurado por meio do arrependimento. Segurando um cajado. Colocando os pés na água. Marchando em volta de uma enorme muralha sete vezes. Ou até mesmo mergulhando no lamacento rio Jordão.

Lembre-se, Isaías 55:8 diz claramente: "'Pois os meus pensamentos não são os pensamentos de vocês, nem os seus caminhos são os meus caminhos', declara o SENHOR". Ele não diz que os pensamentos de Deus envolvem soluções bem mais complexas e difíceis. Apenas disse que os pensamentos de Deus são diferentes dos nossos. Muitas vezes perdemos nossa reversão porque tentamos complicar as coisas com nossas próprias soluções. Tentamos colocar nossas mãos na confusão quando Deus já planejou tudo em detalhes. Aumentamos nossa dor e miséria porque nos recusamos a abrir mão e confiar que Ele sabe o que é melhor. Todo o tempo Deus está lá, com as mãos sábias na cintura, pensando: *Se você apenas mergulhasse. Não é tão fundo. Apenas faça o que Eu mando e você ficará limpo.*

Nunca deixe que seu orgulho o impeça de aceitar a solução para seu problema. Desça até o rio Jordão e mergulhe sete vezes. Faça o que Deus manda. Você descobrirá, como fez Naamã, que Deus sabe muito bem o que está fazendo.

Agora, tome cuidado para fazer tudo o que Deus manda. Se Naamã tivesse olhado para sua pele cada vez que mergulhava, e se tivesse sido desencorajado pelas lesões e escolhesse parar antes de completar os sete mergulhos, ele não teria sido curado.

> *Nunca deixe que seu orgulho o impeça de aceitar a solução para seu problema.*

Muitas pessoas querem obedecer a Deus até certo ponto, mas depois ficam bravas com o Senhor quando Ele não lhes dá a abundância que pediram. Naamã teve de mergulhar sete vezes para receber sua cura. Ele teve que obedecer completamente para receber em abundância. A obediência parcial é desobediência, e a obediência parcial não trará libertação.

Enquanto lemos este livro, talvez estejamos passando por vários empecilhos e consequências negativas em nossa vida. À medida que nos aproximamos da conclusão deste capítulo, quero enfatizar que o plano de Deus para sua reversão pode não fazer sentido para você. Mas uma reversão parcial não é uma reversão. Tenha isso em mente. Você tem de completar o retorno para ir em outra direção. Uma reversão parcial apenas o levará para fora da estrada, onde as coisas ficarão ainda mais irregulares e potencialmente desastrosas.

Naamã mergulhou sete vezes. Tudo o que Deus pedir para você fazer, faça por completo. Mesmo que não veja resultados imediatos. Mesmo que sua fé vacile antes de aumentar. Mesmo que duvide do processo e zombe do profeta que Ele enviou. Obedeça em tudo. Obedeça porque os caminhos de Deus não são os seus caminhos e os pensamentos do Senhor não são os seus pensamentos. Obedeça porque coloca sua confiança nele pela fé. Você e eu devemos parar de discutir com a Palavra de Deus. A Palavra dele é final. Podemos não gostar. Podemos não dar a preferência. Podemos nem entender. Mas é final, estabelecida no céu.

Quando alguém fica preso na areia movediça, lança mão de meios naturais. Ele geralmente agita os braços e tenta sair, mas o tempo todo esses movimentos só pioram as coisas. A areia movediça é areia misturada com água. Quando a areia se mistura com a água, remove o atrito entre os grãos. Sem o atrito, uma pessoa não tem nada em que se apoiar para dar impulso para sair. Debater-se contra a água associada à areia movediça só o puxará para mais fundo.

Para ser resgatado da areia movediça, o indivíduo precisa evitar a reação natural e fazer o que não é natural para ele. Ele tem que lutar contra sua inclinação humana e, em vez disso, relaxar. Relaxar retarda a submersão. Relaxar permite que ele mova-se suavemente como se estivesse andando sobre a água. Isso dá tempo para que alguém lhe jogue uma corda ou você se mova lentamente para um terreno mais sólido.

Muitas vezes a vida pode parecer com a areia movediça. Somos sugados pelo drama, pelo sofrimento, pela perda e morte que a vida parece nos trazer. E enquanto nossa inclinação natural é lutar para sair, potencializando toda a força, poder e músculos que temos, isso só nos fará afundar ainda mais. Os caminhos de Deus são mais altos que os nossos. Seus pensamentos são maiores que os nossos pensamentos. Em tempos de luta, Ele nos pede para abrirmos mão de nossas soluções e confiarmos nele. Ele pede que permaneçamos nele e em sua Palavra, alinhando nossas ações sob sua aliança. Ele pede que nosso coração apenas creia. Nas palavras de Jesus: "Não se perturbe o coração de vocês. Creiam em Deus; creiam também em mim." (João 14:1). Sua reversão acontece aqui em seu coração. Não deixe que seu coração seja perturbado. Sim, a vida traz dor. Ela vem com decepções. Traz consequências devido aos seus próprios comportamentos e às ações dos outros. "Não se perturbe o coração de vocês. Creiam em Deus..."

Creia.

Enfatizei anteriormente no livro o ponto de partida para reverter as consequências negativas em sua vida. Isso envolvia o processo de arrependimento. Arrepender-se do que você fez de errado e/ou arrepender-se de uma reação ruim (amargura, culpa, vergonha, ódio, autodepreciação etc.) em relação ao que os outros fizeram de errado com você. Então, quando você se arrepende, recebe o perdão e o amor de Deus por meio da expiação de Jesus Cristo. Em seguida temos este mandamento de Jesus: crer.

Arrependa-se. Receba. Creia.

Como as marchas de um carro, essas três etapas vão levá-lo aonde você precisa ir. Seja lá o que estiver enfrentando agora, pode ser um desafio. Como no caso de Naamã, pode até parecer insolúvel. Mas se você se arrepender, receber e crer hoje, Deus pode fazer uma obra em sua vida como você jamais imaginou. Ele pode mudar as coisas e colocá-lo no caminho do plano e propósito grandioso dele para sua vida. Você vai confiar nele? Vai crer? A escolha é sua. Vimos, ao estudarmos os relatos bíblicos e as histórias das Escrituras, que a escolha pela cura e restauração dependia de cada pessoa que analisávamos. Da mesma forma, a escolha agora é sua. Você pode ver a placa: "Retorno logo à frente". Você vai segui-la e voltar para o caminho certo? É minha oração que você a siga e, quando segui-la, testemunhe a mão curadora, restauradora e amorosa de Jesus Cristo revertendo as consequências na sua vida.

Sua opinião é importante para nós.

Por gentileza, envie-nos seus comentários pelo e-mail:

editorial@hagnos.com.br

Visite nosso site:

www.hagnos.com.br